은어(隱語)와 우리말의 세계

은어隱語와 우리말의 세계

김홍석

┃ 책을 펴내며

지난 2007년도 일반인 대상의 『국어생활백서』를 내고, 교육 현장에 있으면서 어휘에 대해 좀 더 깊이 연구하고픈 생각이 들었다. 어휘에 대한 연구는 국어학계에서도 '웃으며 들어갔다가 울고 나온다.'는 말처럼, 그리 만만하지 않았다. 참으로 망양지탄(亡羊之歎)을 절실하게 느꼈다고나 할까? 그러나 겁 없는 이 사람이 무슨 심사인지 또 막무가내로 달려들었다. 특히 다방면의 은어(隱語)에 대해 정리하고 싶었다. 그리하여 2007년 후반부터 여러 가지 은어 중에 한 가지씩의 은어를 연구목표로 삼아 써 보기 시작하였다.

유지경성(有志竟成)이라고, 마침내 그렇게 써서 모아온 논문들을 일반인들도 쉽게 볼 수 있도록 재정리하여 여덟 번째 책을 내게 되었다. 은어 중에서 모든 계층의 것을 정리하고 싶었지만 능력의 부족 탓인지 그렇게 하지 못하고, 궁중어, 범죄인의 언어, 소경어, 심마니어만 검토했을 뿐이다. 남사당패들의 은어도 정리하고 싶었으나, 이미 어느 분께서 아주 잘 정리해 놓으셨다. 그래서 이 네 종류의 은어만 가지고 은어의 세계를 다소 느껴보시라고 정리한 것이다. 이 내용을 〈1부〉로 하였고, 〈2부〉에는 우리말의 표현 중에서 완곡한 표현과 청소년들의 잘못된 발음 표현 그리고 1950년부터 1999년까지 널리 알려진 대중가요의 노랫말 중 잘못된 표현을 정리해 보았다. 일반인들도 편하게 볼 수 있도록 애초의 논문 형식을 탈피하여 교양서 형식을 취하였다. 읽으면서 다소 어려운 국어학 용어가 나타나기도 한다. 그러나 되도록 전문 용어를 사용하지 않으려고 하였다. 또 독자들의 편의를 위해 가능한 한 한자도 쓰지 않으려고 하였고, 굳이 쓸 경우는 괄호 안에 한자를 넣었다.

별스럽지 않은 내용을 가지고 또 세상의 심판을 기다리련다. 지탄을 많이 받을 수도 있다. 겸허하게 받아들여, 어미 소가 송아지를 혀로 핥아 준다는 지독지애(舐犢之愛)처럼 한없는 사랑으로 맞이하겠다.

부족한 졸저이지만, 고마움을 표현할 분들이 계시다. 글누림출판사의 최종숙 사장님과 이태곤 부장님, 편집을 맡은 오수경 님께 깊은 감사를 드린다. 그리고 일곱 번이나 출판을 하면서 부모님과 식솔들에 대한 고마움의 표시는 그간 전혀 없었다. 늘 자식의 앞길 걱정에 노심초사하시는 부모님과 아내인 이민아, 자식인 예진, 나연, 대현에게도 미안하고 고마운 마음을 이 글자 몇으로 대신하고자 한다.

2011년 춘삼월 새싹을 보며
저자 김홍석 씀

▌차 례

|제2부| **우리말의 세계**

제1부
은어의 세계

제 1 장

소경의 은어

    현대 사회는 하루가 다르게 다방면에서 변화하고 급속하게 다양화
하는 추세이다. 그러한 모습들이 우리 사회에도 나타나고 있다. 사회
구성원의 다양화가 바로 그것이다. 그런데 이러한 사회적 흐름 속에서
일부 사람들이 소외되고 차별 받는 현상이 있었다. 특히 사회적 약자
로 분류되었던 장애인들이나 취업 및 결혼을 위해 해외에서 들어온 이
방인들이 바로 그러한 현상의 대표격이다. 그러나 최근 우리 사회는
무관심했던 그동안의 차별과 냉대에서 벗어나, 이들을 사회의 한 부분
으로 인정하여 보듬고 함께 하려는 노력이 나타나고 있다. 또한 사회
적 약자들 당사자도 사회의 적극적인 주체로 우뚝 서서 자기의 주장을
내세우고 정당한 요구를 하기 시작했다. 이런 사회적 현상 속에서 그
들의 일부분이었던 소경[1]들 또한 이제는 사회의 당당한 존재들로 대

접 받는 시대가 온 것이다.

그동안 우리 사회에서 소경들에 대한 관심은 그들의 직업과 관련하여 초인적인 청각이나 촉각 기능에 초점을 둔 것이 사실이다. 따라서 그들의 언어에 대한 관심은 거의 없었다고 해도 과언이 아니었다. 국

---

1) 한민족(2003)에는 다음과 같이 '소경'에 대해 제시하였다.

'소경'은 15세기에 '쇼경'(釋譜詳節 24:52)으로 처음 보인다. 이 '쇼경'의 어원은 알기 어렵다. 이탁(1967)에서 한자 '誦經'에서 온 것으로 설명하고 있으나 믿을 수 없다.

한편 소경은 달리, '맹인, 봉사, 장님, 시각장애인' 등으로 불리는데, 각각 그 유래에 대해서는 임안수(1997)에 다음과 같이 제시하였다. 이 글은 이상의 여러 명칭 중 가장 역사가 길었던 '소경'을 취하였다.

소경(少卿)이란 고려 때 태상시(太尙寺), 전중성(殿中省), 위위시(衛尉寺), 대복시(大僕寺) 등에 두었던 종4품 벼슬이다(이희승, 1986). 일반적으로 맹인들이 벼슬을 함으로써 소경 벼슬을 하게 되었고, 이에서 맹인의 호칭으로 유래된 것으로 보아야 할 것이다. 그리고 지방에 따라 방언으로 '세겡이, 쇠게이, 쇠경, 쇠공, 쇠굉' 등으로 부르기도 한다(최학근, 1978).
봉사란 우리나라의 광범위한 지역에서 맹인을 '봉사'라고 하고, 경기도, 황해도, 평남에서는 맹인을 '참봉'이라고도 한다. 봉사ㅏ 참봉이 명칭은 모두 조선시대 종8품과 종9품의 관직명이다. '봉사'라는 명칭은 조선시대 관상감의 음양과에 속하여 음양, 길흉, 점복의 명과학을 담당하는 맹인이다. 이러한 맹인들을 '봉사님'이라고 부르던 것이 맹인의 일반적 명칭으로 변화된 것이다.
장님에 대해, 이능화는 今娥時俗盲之詞 曰判數 亦曰杖林 蓋意味基杖行而賣卜者也(조선도교사, 제22장, 맹인매복업)라 하여 지팡이를 짚고 다니며 점친다는 뜻의 장님이라고 하였다. 조선 중기 이후 맹인들은 맹청을 설립하고 단체 활동을 했다. 이 맹청에서 맹인들 사이에 여러 가지 명칭이 사용되었다. 그 중형으로 보기에는 연령이 높고, 아저씨로 보기에는 연령이 낮은 손위 맹인을 '긴 장(長)'에 높임말인 '님'을 써서 '장님'이라 불렀다 한다. 따라서 장님은 맹청 내에서 존칭으로 사용되었다(대한 맹인 역리 학회 안성균 이사와 면담).
'시각장애인'이란 명칭은 1970년대 초부터 사용되기 시작했다. 이 명칭은 한자권의 나라에서 사용되던 명칭이 아니라 영어의 'the visually handicapped'를 번역한 것이다. 이 시각장애인에는 저시력인(과거에는 약시자)과 맹인이 포함된다. 저시력이란 영어의 'low vision'을 말하고, 약시란 'partially sighted'를 말한다.

어학계에서도 소경 은어에 대한 연구는 은어 수집에 미온적인 자세로 인하여 심도 있는 연구가 되지 못하였다. 문세영(1936)은 은어에 대해 본격적으로 검토한 초기의 연구이다. 그는 은어를 '곁말' 또는 '변이'라 제시하고 비밀 유지나 빈정대고 조롱의 뜻으로 사용하는 말이라 하여, 78개 어휘를 제시하였다. 그러나 각 어휘에 대한 고찰은 없었던 소논문에 불과하다. 일독자(1940:24)는 소경들의 은어를 본격적으로 연구한 최초의 연구로서, 소경들이 쓰는 말 중 보통 쓰지 않는 어휘, 총 69개를 제시하였다. 그러나 한 쪽에 불과한 분량으로 몇 개의 용어를 제시만 했을 뿐이지, 그에 대한 고찰은 없다. 이충구(1986:418-419)는 소경의 은어 유형에 대해, 김재희(1958)를 참고하여 다섯 가지[2]를 제시한다. 그리고 다섯 유형 중 두 가지 이상의 유형이 혼합되어 조어된 경우도 상당히 많고, 대부분이 음절의 도치를 조어의 기본으로 삼되, 그 전후에 첨가하는 다양성도 보인다고 보았다. 분량이 많지는 않지만, 유형을 고찰한 면이나 소경 은어의 양상을 언급한 연구이다. 장태진(1995)[3]은 은어에 대한 종합적인 연구로, 소경 은어를 복술변이라 하여 제시하였다. 소경 은어는 복술 용어가 발달하고, 달변(달 은어), 돈변(돈 은어) 및 성씨변(성씨 은어) 등이 발달하였으며, 친족말은 거의 고립적으로 특수

---

2) 다섯 유형은 다음과 같다.
   (1) 복술과 역학에서 나온 은어가 있다(예, 불-병정).
   (2) 국어식 한자어로서 형성된 것이 있다(예, 읽다-되긴다).
   (3) 정상적 어형을 버리고 얼토당토않은 어형으로 대치한 것이 있다.
     (예, 국수-신자지니, 밥-기식)
   (4) 어형을 변형시켜 특이한 접미사를 첨가한 것이 있다(예, 밤-야애, 사람-인개).
   (5) 어사를 전도시킨 것이 있다(예, 귀신-신귀).
3) 장태진(1995:36-49)은 변말에 나타나는 규칙으로 네 가지를 제시한다.
   ①대치 규칙, ②삭제 규칙, ③첨가 규칙, ④치환 규칙 등이 그것이다.

하게 형성되었다고 본다. 소경들의 은어에 대해 광범위한 자료 수집과 연구를 병행한 것은 오히려 특수교육을 담당했던 임안수(1997)에서 비롯되었다. 그는 방대한 소경 은어를 정리하고 그 실체를 규명하였다. 그는 대한맹인역리학회에 자문을 받아, 소경의 은어가 정확하게 언제부터 시작되었는지는 모르나, 대략 맹청이 설립된 조선 중기 이후로 본다. 그리고 소경 은어의 특징을 일곱 가지[4]로 제시하였다. 이 글은 임안수(1997)에 제시한 230여 개 소경의 은어가 어떠한 양상을 지니며, 제시된 어휘 중 잘못 보았거나 규명하지 못해 어원 분명으로 처리한 경우를 중심으로 살펴보고자 한다. 보조적 자료로 일독자(1940)에 제시된 69개 어휘와 국립국어원편『표준국어대사전』(1999)도 참고할 것이다.

은어는 일반적으로 여러 가지 이유에서 나타나지만, 우선 자기들끼리만 통하는 비밀성, 다른 사람들과 구별하여 자기들만 알아들을 수 있는 유별성, 재미를 위한 흥미성 등이 대표적일 것이다. 소경들의 은어[5]도 이러한 특징을 고스란히 지닌다. 특히 소경들은 신체적 결함으

---

4) 그가 제시한 소경 변말의 특징 일곱 가지는 다음과 같다.
　(1) 순수하게 비밀을 유지하고 보완하기 위한 것이다.
　(2) 외부에 노출시키는 것을 금하고 극히 폐쇄성을 지닌다.
　(3) 변말을 가르쳐 전수한다.
　(4) 체계적이고 복잡하며, 매우 발달한 구조를 지닌다.
　(5) 광범위한 어휘의 활용 방법을 갖는다.
　(6) 문자로 기록하지 않고, 신체어를 사용하지 않는다.
　(7) 점복 도서의 용어나 한자, 어미의 첨가, 단어의 도치 등을 통해 만든다.
5) 변말의 발생 요인을 김종훈 외(1985:15-16)는 아홉 가지를 제시하였는데,
　(1) 한정된 자기 집단의 비밀을 유지하기 위하여,
　(2) 신선한 표현력을 조장하려는 의욕 때문에,
　(3) 집단의식을 강화시키기 위해,
　(4) 금기의 목적으로,

로 인해 점복업이나 침구업 또는 안마업이라는 특수 직업을 많이 취하게 되는데, 이에 따라 숫자나 나이, 사람과 관련된 은어들이 주로 발달하였다.

그러면 소경들의 은어를 기술함에 앞서 몇 가지 술어를 제시한다. 소경 은어는 크게 아홉 가지로 나눌 수 있다.

첫째, 단순히 어순을 반대로 도치하여 만든 경우를 '역어(逆語)'
둘째, 도치한 후 변형까지 꾀한 '역변어(逆變語)'
셋째, 『주역』에서 차용한 '주역차용어(周易借用語)'
넷째, 한자의 음이나 훈을 차용한 '한자차용어(漢字借用語)'
다섯째, 음가(音價)를 길게 늘인 후 도치한 '장음도치어(長音倒置語)'
여섯째, 대상을 일컫는 한자를 다른 자로 대체하여 차용한 '대체한차어(代替漢借語)'
일곱째, 다른 대상에 비유하여 표현한 '비어(比語)'
여덟째, 긴 구나 문장을 줄여서 표현한 '약어(略語)'
아홉째, 위 어휘형성어를 둘 이상 적용한 '혼합어(混合語)'

(5) 공통된 생활을 영위하는 어떤 고립된 환경에서,
(6) 공통적인 직업에 종사하는 순회직의 언어에서,
(7) 외래어의 영향을 받아서,
(8) 일시적 쾌감의 발로와 욕구 불만의 표출과 사회 구조의 복잡성 때문에,
(9) 사회문화와 이지의 발달에 의한 동지성 규합에 의하여 등이다.
이상의 내용 중 소경의 변말은 (1), (3), (6)의 요인이 강하다.

1. 소경 은어의 세계

1.1. 숫자

숫자 1부터 9까지는 임안수(1997:79-81)를 참고하면, 『주역』의 팔괘(八卦)와 구궁(九宮)에서 주로 차용한 '주역차용어'이다. 팔괘는 건, 태, 이, 진, 손, 감, 간, 곤의 여덟 가지 괘상이다. 이에 따라 1에서 8까지의 은어가 만들어진다. 이 중 '3'의 경우를 '이, 이체'라 하지 않고, '화, 이체'라 한 것은 '이'라 했을 경우, 일상어 '2(이)'와 그 음이 같아 혼동을 피하기 위해, '불 화(火)'로 대신한 것이다. '3'은 팔괘에서 이괘(離卦)요, 이는 불[火]이기 때문이다. '9'의 경우는 '구궁'에서 '9'를 '퇴식(退食)'이라 일컫는데, 여기에서 유래한 것이다[6].

다음은 1에서 9까지의 은어들이다. 표준어를 먼저 제시하고 괄호 안은 그 표준어에 해당하는 소경들의 은어이다.

> ① 1(건, 건체)
> ② 2(태, 태체)
> ③ 3(화, 이체)
> ④ 4(진, 진체)
> ⑤ 5(손, 손체)

---

6) '구궁'에서는 1에서 8을 다음과 같이 일컫는다.
　1:천록(天祿), 2:안손(眼損), 3:식신(食神), 4:증파(甑破), 5:귀(鬼), 6:합식(合食), 7:진귀(進鬼), 8:관인(官印)

ⓖ 6(감, 감체)

ⓗ 7(간, 간체)

ⓘ 8(곤, 곤체)

ⓙ 9(퇴, 퇴체)

한편, 숫자 '10'은 '순, 순체'라 하는데, 『주역』에서 온 것은 아니며, 한자어 순(旬)에서 유래한 한자차용어이다. 또한 숫자 '100'은 '훈'이라 하는데, 일백 백(百)을 흰 백(白)으로 바꾼 후, 그 훈 '흰'을 변형하여 만든 '대체한차어'이다. 숫자 '1000'은 '늘한'이라 하는데, 일천 천(千)을 하늘 천(天)으로 바꾸고, 그 훈 '하늘'을 역어로 표현해 '늘하'였던 것이 변형된 것으로, 대체한차어와 역어가 적용된 '혼합어'이다. 숫자 '10000'은 '안마'라 하는데, '만'을 길게 하여 발음한 '마안'의 역어로, '장음도치어'이다.

결국 소경의 은어 중, 기본수는 주역에서 차용하였고, 10은 한자차용어, 100은 대체한차어, 1000은 대체한차어와 역어가 함께 적용된 혼합어, 10000은 장음어와 역어가 함께 적용된 혼합어 등이었다.

1.2. 사람

사람을 일컫는 은어들은 여러 가지 형태로 발달하였다. 주역차용어, 역어, 역변어, 비어 등이 특히 발달하였다.

사람을 일컫는 다음의 은어들은 주역차용어들이다.[7]

① 남편(경신(庚申) / 정관(正官))

② 부인(풍화(風火) / 정재(淨財))

③ 첩·애인(편재)

④ 아버지(술해)

⑤ 어머니(미신)

⑥ 형제(비견(比肩))

⑦ 누이(뇌택(雷澤))

⑧ 매형(상뇌택경신)

⑨ 매제(하뇌택경신)

⑩ 영감(북방(北方))

⑪ 기생(날고종)[8]

⑫ 도둑놈(말미노)

'① 남편'을 경신이라 한 까닭은 경신(庚申)의 방위가 서방(西方)이기에 그 음만 차용한 것이며, '정관'은 사주 용어에서 원래 남편을 이렇게 칭한 데서 유래한 것이다. '② 부인'을 일컫는 '풍화'는 육십사괘 중 풍화가인괘(風火家人卦)에서 집사람을 뜻하는 '가인'을 뺀 것이며, '② 부인'을 달리 일컫는 '정재'와 '③ 첩이나 애인'을 일컫는 '편재'는 모두 사주 용어에서 온 것이다. '아버지'와 '어머니'는 통상 '하늘'과 '땅'으로 비유된다. 하늘은 '건(乾)'에 해당되고, 땅은 '곤(坤)'이다. 건의 방위는 서북

---

7) 이 부분에 대한 어원 규명은 임안수(1997:82-84)가 아주 자세하게 정리하였다. 이 글은 그 내용을 거의 수용하였다.

8) 기생을 뜻하는 날고종은 역어 '생기'에서 生의 훈 '날'과 고독한 단신을 뜻하는 한자어 고종(孤蹤)이 결합한 형태일 가능성도 있다.

으로 '술해궁'이며, 곤의 방위는 서남으로 '미신궁'이다.

다음 표는 팔괘가 나타내는 방위를 제시한 것이다.

건	서북(西北)	술해궁(戌亥宮)	손	동남(東南)	진사궁(辰巳宮)
태	서(西)	유궁(酉宮)	감	북(北)	자궁(子宮)
이	남(南)	오궁(午宮)	간	동북(東北)	축인궁(丑寅宮)
진	동(東)	묘궁(卯宮)	곤	서남(西南)	미신궁(未辛宮)

〈표 1〉 팔괘가 소속된 방위

'⑥ 형제'를 '비견'이라 하는 것은 명리학에서 차용한 것이라 한다. 한편 '비견 수풀'은 '형님'을 일컫는데, '님'을 '수풀 임(林)'으로 바꿔 훈을 따온 것이다. 따라서 주역차용어와 한자차용어가 적용된 혼합어이다. 또 '⑦ 누이'를 '뇌택'이라 하는 것은 '② 부인'처럼, 육십사괘 중 뇌택귀매(雷澤歸妹)괘에서 차용한 것이며, '⑧ 매형'과 '⑨ 매제'는 윗사람과 아랫사람을 구별하는 '상하(上下)'에 누이를 뜻하는 '뇌택', 그리고 남편을 뜻하는 '경신'이 결합한 경우이다. '⑩ 영감'의 경우는 팔괘의 하나인 '감(坎)'이 팔괘가 소속된 방위로는 위 표를 참조하면 '북방'이기에 이것을 대신해 표현한 것이다. '⑪ 기생'의 경우는 기생을 도치하면 생기는 '생기'에서 '생'의 훈 '날'과 닭을 뜻하는 '계(鷄)'의 유사음 '기'는 '유(酉)'로, 천간이나 지지를 잘 아는 사람들이 이해하지 못하도록 할 때 사용하는 '월장(月將)'에서 '유(酉)'는 '종괴(從魁)'이다. 이를 도치하여 '고종'이라고 해 결합한 것이다. '⑫ 도둑놈'의 경우는 '도둑 적(賊)'을

'붉을 적(赤)'으로 바꾸고, 적색은 후설할 〈표 2〉를 참고하면 '오(午)'이 며, 동물로는 '말[馬]'이고, 뒤에 '놈이'를 붙이던 것을 도치하며 '미노'라 하여 '말미노'라 한 것이다.

사람을 일컫는 다음의 은어들은 역어(逆語)들이다.

> ① 사람(남사)
> ② 자식(식자)
> ③ 부인(인부)
> ④ 할머니(머니할)
> ⑤ 자네(네자)
> ⑥ 소경(경소)

위의 경우 '할머니(머니할)'을 제외하고는 모두 도치한 형태이다. '할 머니(머니할)'의 경우는 장태진(1995:128)의 주장처럼 치환규칙 '123→ 231'에 의해 형성한 것이다. 또 '사람(남사)'의 경우, 남자는 '양남사', 여 자는 '음남사'로 표현해 음양사상이 들어가기도 한다.

다음의 은어들은 역변어들이다.

---

9) 지구가 태양의 주위를 도는 것을 거꾸로 생각해보면 1년간 지구표면에도 태양이 지나가는 길(황도)이 나타난다. 그것에서 우리 선조들이 발견한 원리 중에 '월장(月 將)'이 있다. 월장은 지구의 12지지와 합치되는 태양(황도상)의 12지지를 가리킨다.

① 조카(카족)

② 할아버지(나팔)

③ 아들(다래)

④ 발노(노파)

⑤ 벙어리(얼뱅이)

⑥ 젊은 사람(멀젠 남사)

⑦ 아이(하야 / 희아)

⑧ 누구(구노)

⑨ 딸(익따)

위의 경우는 도치를 1차적으로 시행한 후, 2차적으로 변화를 준 은
어들이다. 한편, 임안수(1997:83)는 '② 할아버지(나팔)'에서 '나팔'을 '할아'
가 도치되어 변형된 형태로 본 반면, 장태진(1995:128)은 '나이 팔십 → 나
팔'로 보고, 삭제 규칙에 따른 토막말끼리의 결합으로 본다. 전자의 주
장이 더 설득적이다. 또, '③ 아들(다래)'의 경우, 장태진(1995:128)은 '아들
(다래)'이 '아들 → 기 다른 아이 → 달애 → 다래'에 의해 형성된 것으로
보지만, 임안수(1997:83)는 '아들(다래)'을 아들의 역어 '들아'가 '드라'로
되면서 변형한 형태로 보았다. 후자의 주장이 더 설득적이다. 한편,
'아들(다래)' 중 큰아들은 '상다래', 작은 아들은 '하다래'라 지칭하기도
한다. 또 손자는 '다래의 다래'라 한다. '⑨ 딸(익따)'의 경우, 임안수(1997:
83)는 '딸(익따)'을 딸에 접미사 '-이'가 붙어, '딸이'였던 것이 역어(逆語)로
'이딸'이 되었고 이의 변형을 '익따'로 본다. 그러나 필자는 이것이 오
히려 '따님'의 역어 '님따'가 변하지 않았나 한다.

다음의 은어들은 대상을 비유하여 나타낸 비어(比語)들이다.

① 여자(겻)
② 남의 첩(꽃날)
③ 남의 아내(컄날)
④ 남편(독(讀))
⑤ 아버지(체두(體頭))
⑥ 할아버지(고체두(高體頭))
⑦ 어머니(태녁 / 터럭 / 넉터)
⑧ 할머니(고산(孤山) / 고태녁)
⑨ 보통 사람(常 시)(길코)
⑩ 돈(양반)
⑪ 부모(문서)

'① 여지(겻)'의 경우는 항상 곁에 둠을 비유적으로 표현한 것이며, '② 꽃날'의 '날'은 '기생'의 '생'이 '날 생(生)'이어서 그 자의 훈을 빌린 '날'에 예쁘다는 것을 상징하는 '꽃'이 접두한 형태이다. 아내를 일컫는 '③ 컄날'은 첩은 예쁘게 생각해서 '꽃날'이지만, 아내는 좋아하는 마음이 떠나가 버리다는 의미에서 '간날'이 2차 변화를 하여 '칸날〉컄날'로 된 경우이다. '④ 독'에 대해, 임안수(1997:82-83)는 글 읽는 남편을 지칭하는 독(讀)에서 유래한 것으로 본다. 장태진(1995:128)은 '⑤ 아버지(體頭)'가 '아버지→父→負→자루→차두→채두'에 의해 형성된 것으로, 한자음 동음 대치와 방언 어휘 대치로 본다. 그러나 집안을 뜻하는 몸과 우두머리를 뜻하는 머리가 결합한 비유적 표현으로 보인다. '⑥ 할아버지'의 은어 '고체두'는 그 말에 윗사람임을 뜻하는 '고(高)'를 접두한 경우이다. '⑦ 어머니(태넉)'에 대해, 임안수(1997:82)는 태(胎)와 넋[魂]의 결합으로 보지만, 장태진(1995:128)은 '어머니(태넉/테넉)'가 '어머니→母→毛→터럭→테넉'에 의해 형성된 것으로, 한자음 동음 대치와 방언 어휘 대치로 본다. 이 경우는 후자의 주장이 더 설득적이다. 즉, '모(母)'와 음이 같은 '모(毛)'의 순 우리말인 '터럭'이 2차적으로 변화한 것이 '태넉'이고, 도치한 것이 '넉터'인 것이다. '⑧ 할머니'를 일컫는 '고산(孤山)'은 '고독한 산'에 할머니를 비유한 경우이며, '고태넉'은 어머니의 은어 '태넉'에 윗사람임을 뜻하는 '고(高)'가 접두한 형태이다. '⑨ 보통 사람', 즉 상사람[常人]을 일컫는 '길코'는 길거리에서 코만 맞닿으면 만나는 보통 사람을 줄여서 '길코'라 표현한 것으로 보인다. '⑩ 돈'을 일컫는 은어 '양반'은 양반이 보편적으로 '돈'을 많이 소유하기 때문에, 비유적으로 '양반'에 빗대어 표현한 비어(比語)이다. '⑪ 부모'를 '문서'라 하는 것은 서로 다른 남녀가 문서상 한 가족을 이룬다는 의미로, 한자어 '문서(文書)'에서 온 말로 추정된다. 아버지를 뜻하는 은어로 '양문서'가 있는데, 이는 남자를 상징하는 '양(陽)'이 접두한 경우이다.

다음 은어들은 대체 한자어이다.

① 순사(열넷)
② 소경(이비)

'① 순사(巡使)'를 동음이의 한자어 '순사(旬四)'로 대치한 후, 그 훈을 차용한 표현이다. '② 소경'을 일컫는 '이비'는 한자어 '이(尒)'와 '비(非)'의 결합으로 '네가 아님'이라는 의미로 결국 그들 자신들을 가리키는 형태로 쓰였다고 임안수(1997:84)는 본다. 그러나 이는 '瞦非(이비:보지 않음'에서 올 가능성[10]도 있으며, 귀[耳]가 비상(非常)하다는 의미의 '이비(耳非)'에서 온 듯도 하다. 후자의 경우로 보면 비어(比語)이다.

다음 은어들은 장음도치어이다.

'① 손님'을 일컫는 '액깨'는 '손 객(客)'의 '객'을 길게 발음한 형태를 역어(逆語)로 표현한 것이다. '② 원(자앙)'의 경우는 지폐를 세는 단위인 '장'을 장음화한 '자앙'에서 비롯된 것이다.

그 외에 사람을 일컫는 은어들은 다음과 같다.

---

10) 그러나 '이(瞦)'처럼 어려운 한자를 사용하였을까가 의심스럽기도 하다.
11) 돈의 단위를 일컫는다.

위의 은어들은 각각 어느 일정한 틀에 들어가지 않는 변이형이라 할 수 있는 것들이다. '① 여자(女子)'를 일컫는 '게시'는 계집과 각시에서 한 음절씩 딴 것으로 보이며, '② 임금(王)'을 일컫는 '칼시'는 그 근원을 알기 어렵다. '③ 나'를 일컫는 '윤애'는 남을 높이어 그의 '아들'을 '윤옥(胤玉)' 또는 '윤군(胤君)'이라 하는데, 이와 같이 윤아(胤兒)의 뜻으로 '윤애'가 쓰인 것으로 보인다. '④ 우리'를 일컫는 '윤이'는 '윤(胤)'에 접미사 '-이'가 붙어 복수를 나타내는 역할을 한 것으로 추정된다. '⑤ 어른'을 일컫는 '느른'은 '어른'의 변형인데, 일반적으로 사용하는 형태인 역변어를 취하지 않는 것은 역변어형의 부자연스러움에서 역변어형을 취하지 않고 본말에 변형만 한 것으로 보인다. '⑥ 남의 집에 경 읽어 주는 집주인'을 일컫는 '당주(當主)'는 원래 당주(堂主)라 하여, 지난날 나라에서 하던 기우제 등에서 기도를 맡아보던 소경 무당이 있다. 이와 비슷한 역할을 하는 집주인을 일컫는 한자어에서 음은 같은 다른 한자로 대체하여 표현한 대체한차어이다.

1.3. 짐승

짐승을 일컫는 은어들은 대체로 그 짐승을 뜻하는 한자어에 접미사
가 붙는 형태가 많다. 다음의 경우를 살펴보자.

> ① 구천이(개)
> ② 조공이(새)
> ③ 승선이(말)
> ④ 길대(소)

'① 구천이'에서 접미사 '-이'는 자음으로 끝나는 일부 체언에 붙어
체언이 뜻하는 특징을 지닌 것을 나타내거나 어조(語調)를 고르는 구실
을 한다. '구천이'의 '구'는 한자 '狗'가 분명하나, '천'은 '豻'일 가능성이
있으나 분명하지는 않다. '② 조공이'의 '조'는 한자 '鳥'에서 온 것이다.
'-공이'는 대상을 높여 일컫는 한자어 대명사 '公'과 접미사 '-이'의 결합
으로 보인다.

'③ 승선이'에서 '승'은 한자 '乘'에서 유래한 것이며, '-선이'는 큰 의
미 없이 접미사로 쓴 경우이다. 관인이 찍히지 않은 문서를 '백문(白文)'
이라 하지만, 이를 흔히 '백문선이'라 일컫기도 하며, 흰 널조각을 뜻하
는 '백판(白板)'을 '백문선이'라 일컫기도 하는데, 이처럼 의미 없이 '승'
에 접미한 경우이다. '④ 길대'는 월장 붙이는 방법에서 소는 '축(丑)'인
데, 이를 '대길(大吉)'이라 한다. 이를 도치하여 표현한 혼합어이다.

1.4. 신체

신체와 관련된 은어들은 다른 종류보다 특히 발달하였는데, 이는 주로 침구업이나 안마업을 이들이 종사하면서 나타난 현상이다. 신체를 나타내는 은어들의 경우, 각 신체 기관에 한자어 '공이'가 붙은 형태가 많다. '-공이'는 대상을 높여 일컫는 한자어 대명사 '公'과 접미사 '-이'의 결합으로 보인다.

① 다리(각공이(脚--))
② 입(구공이(口--))
③ 머리(두공이(頭--))
④ 코(비공이(鼻--))
⑤ 팔(비공이(臂--)12))
⑥ 귀(이공이(耳--))
⑦ 발(족공이(足--))
⑧ 손(수공이(手--))
⑨ 배(복공이(腹--))
⑩ 눈(안공이(眼--))

---

12) 일독자(1940:24)와 임안수(1997:84)에는 또 다른 은어로 '알파'를 제시하였다. 이는 '팔'의 장음 '파알'을 도치하여 표현한 경우이다.

1.5. 돈

① 돈(야포 / 천산 / 지레)

② 분여(돈 나누자는 것)

③ 10원(순앙자)

④ 20원(양순앙자)

⑤ 30원(삼순앙자)

⑥ 40원(시순앙자)

⑦ 100원(혼앙자)

⑧ 천원(늘한앙자)

⑨ 만원(건안마)

⑩ 10만원(순안마)

⑪ 100만원(혼안마)

  '① 돈'의 은어 '지레'는 건지레(1원), 태지레(2원) 등처럼 쓰이는데, 그 어원은 명확하지 않다. '(돈을) 지르다'의 활용형 '질러'가 변이한 형태이거나, '미리'의 의미로 쓰는 부사 '지레'를 사용해 미리미리 벌고픈 욕구를 대신해 표현한 것으로도 보인다. '② 분여'는 한자어 '분여(分輿)'에서 온 것으로, '나누어 주다'의 의미이다. '③ 10원'을 일컫는 '순앙자'는 10을 뜻하는 순(旬)에 지폐를 셀 때 쓰는 단위인 '장'을 길게 발음한 것을 역으로 한 것이다. '⑩ 10만원'을 일컫는 '순안마'에서 '안마'도 '만'을 길게 발음한 것을 역으로 한 것이다.

1.6. 나이

오행(五行)	천간(天干)	지지(地支)	숫자	색	방위
목(木)	갑을(甲乙)	인묘(寅卯)	3, 8	청(靑)	동(東)
화(火)	병정(丙丁)	사오(巳午)	2, 7	적(赤)	남(南)
토(土)	무기(戊己)	진술축미(辰戌丑未)	5, 10	황(黃)	중앙(中央)
금(金)	경신(庚申)	신유(申酉)	4, 9	백(白)	서(西)
수(水)	임계(壬癸)	해자(亥子)	1, 6	흑(黑)	북(北)

〈표 2〉 오행, 십간, 십이지, 색, 숫자, 방위와의 관계

나이에 대한 은어는 육십갑자와 관련 있는 위 〈표 2〉를 많이 차용하여, 은어로 많이 표현한다. 예를 들어 '갑자생'을 '자갑앵새, 자청이, 자38, 서청이, 서38' 등으로 표현하는데, '자갑앵새'는 '갑자'의 역어(逆語)와 생을 길게 발음한 '새앵'의 역어로 결합한 경우이지만, 그 뒤의 은어들은 〈표 2〉를 참고한 것이다. 즉 '자청이'의 경우, '자갑'에서 '갑'은 위 표의 색에서 '청(靑)'이기 때문에 그렇게 일컫는 것이며, '자38'의 경우, '자갑'에서 '갑'은 위 표의 숫자에서 '3, 8'이기 때문이다. '서청이 / 서38'의 경우, '자갑'의 '자(子)'는 쥐로 한자로는 '서(鼠)'이다. 따라서 그렇게 일컫는 것이다.

이 외에도 천간, 지지를 잘 아는 사람이 눈치챌 우려가 있을 때에는 월장(月將)을 붙이는 방법이 있다고 하는데(임안수, 1997:81), 은어로서 일반화가 되지 않고 특수한 상황에만 쓴다고 보아, 여기에서는 소경의

은어로서 제시하지 않겠다.

1.7. 음식

① 술(구슬 / 등기 / 우둘)

② 밥(기시)

③ 떡(채)

④ 두부(도끼 머리)

⑤ 명태(밝은 콩)

⑥ 오징어(동방 개구리)

⑦ 국수(자진이)

⑧ 약주(만일 우둘)

'① 술[酒]'을 일컫는 '구슬'은 입으로 먹는다는 뜻에서 한자 '구(口)'나, 늘 구하고자 한다는 뜻에서 한자 '구(求)'가 술 앞에 붙어 성립된 것으로 보인다. '슬'은 '술'의 변이형이다. '둥기'의 경우는 '술 주(酒)'와 음이 같은 기둥 주(柱)의 훈을 도치하여 표현한 경우이다. 그런데 '둥기'는 '기둥'의 은어이기도 하다. 또 '우둘'의 경우는 '두루 주(周)'의 훈을 도치한 형태인 '루두'가 변이한 형태이다. '② 밥[飯]'을 일컫는 '기시'는 한자어 '떡 기(糨), 주릴 기(飢), 숟가락 시(匙)'와 관련이 있을 수도 있으나, '밥'의 동의 한자어 '食'에 접미사 '-이'가 붙은 '식이'의 역어로 보는 것이 더 타당해 보인다. '③ 떡[餠]'을 일컫는 '채'는 곡물을 갈아 고운체에 걸러 떡을 만들기 때문에 비슷한 음 '채'로 이를 대신해 표현한 것이 아닌가 한다. '④ 두부'의 은어 '도끼 머리'는 '두부'의 역어 '부두'에서 '부'는 '도끼 부(斧)'의 훈을, '두'는 '머리 두(頭)'의 훈을 각각 따온 것이다. '⑤ 명태'의 은어는 밝을 명(明)과 콩 태(太)의 훈을 각각 따온 것이다. '⑥ 오징어'의 은어는 동방의 개구리로 비유하여 표현한 경우이다. '⑦ 국수'의 은어 '자진이'는 역학의 '자진(子辰)'에 접미사 '-이'를 붙인 경우이다. '⑧ 만약 우둘'은 약주의 '약'을 '만약 약(若)'의 훈으로 바꾸고, 술의 은어 '우둘'이 뒤에 결합한 형태이다.

1.8. 점술어

① 사주(四柱)(주사)
② 점치는 것(미재)
③ 경(經)(서울)
④ 독경(讀經)하는 것(서울독인다)
⑤ 말(言)(숭선이)

'① 사주(四柱)'를 '주사'라 일컫는 것은 '역어'로 표현한 경우이고, '② 점치는 것'을 일컫는 '미재'는 '미리 재수(財數)를 알기 위한 것'에서 약어로 '미재'라 표현한 것으로 보인다. '③ 경(經)'의 은어인 '서울'은 한자음이 같은 것의 훈을 빌린 '대체한차어'이다. '④ 독경(讀經)하는 것'의 은어 '서울 독인다'도 '경을 읽는다.'를 '서울 독(讀)인다'로 표현한 것이다. '⑤ 말'의 은어 '숭선이'의 경우는, '흉'의 강원, 경상, 전남, 함경 방언 '숭'에 한자 '詵, 宣, 善' 중의 하나가 결합하여 만들어진 경우로 보이나 확실하지는 않다. '-선이'는 앞서 제시한 바와 같이 큰 의미 없이 접미사로 쓰는 경우가 있다.

1.9. 방향

① 오른쪽(막대잡이)
② 왼쪽(부채잡이)

소경에게 말할 때에, 그의 '오른쪽'을 이르는 말인 '막대잡이'는 오랫동안의 소경들 삶 속에서 굳어진 행동양식을 은어로 표현한 경우로 넓게는 비어(比語)에 해당한다. '부채잡이'의 경우도 마찬가지이다.

1.10. 자연

자연을 일컫는 은어는 짐승의 경우처럼 일반적으로 '-공이' 형태를 주로 가진다. 다음의 은어들을 살펴보자.

① 눈(설공이)
② 바람(풍공이)
③ 해(일공이)
④ 달(월공이)
⑤ 물(임계(壬癸))
⑥ 불(병정(丙丁))

'①~④'는 각 자연현상을 일컫는 한자에 '-공이'가 접미한 형태이고, '⑤ 물[水]'을 일컫는 '임계(壬癸)'는 〈표 2〉를 참고하면, 『주역』의 육십갑자 중 수(水)는 임계에 해당되기 때문에 그것에서 유래한 것이다. '⑥ 불[火]'을 일컫는 '병정(丙丁)'도 『주역』의 육십갑자 중 화(火)는 병정에 해당되기 때문에 그러한 것이다.

1.11. 식물

> ① 배(이공이)
> ② 밤(율공이)
> ③ 감(북방)

①과 ②는 각각 그 과일을 일컫는 한자 '이(梨)'와 '율(栗)'에 '-공이'를 접미한 형태이다. '③ 북방'은 〈표 1〉에서 보는 바와 같이, 팔괘에서 '감'은 북방(北方)이다. 따라서 주역차용어이다.

1.12. 사물

> ① 갓(입공이)
> ② 담뱃대(죽공이)
> ③ 담배(고배담)
> ④ 집(더울)
> ⑤ 밀초[13)](을미질일시)

①과 ②는 각각 그 사물을 일컫는 한자 '입(笠)'과 '죽(竹)'에 '-공이'가 접미한 형태이며, '③ 고배담'은 '담배'의 선대형(先代形)인 '담바고'가 역어의 형태로 표현된 것이다. ④는 '집터의 울타리'를 일컫는 말을 줄여서 '터울'이라 했던 것을 '한 어머니가 낳은 자식의 나이 간격'을 뜻하는 '터울'과 음이 같아, 이를 변별하여 표현하기 위해 '더울'이라 한 것으로 보인다. ⑤와 ⑥은 초[燭]를 일컫는 '질일시'에 '을미'와 '초육'이 어두에 붙은 경우이다. '질일시'는 '지지다'에서 유래한 것으로 보인다. ⑤는 '밀초(蜜-)'를 이르는 말로, '을미'는 '밀'을 장음으로 표현한 후, 도치한 경우로 장음도치어이다. ⑥은 '육초(肉-)'를 이르는 말로, 이를 역어로 표현한 경우이다. '⑦ 굴쪼'는 '저고리[襦]'를 이르는 말인데, 강원, 경상, 충북, 평안, 함경 방언에 '조고리'가 있고, 경상, 평안 방언에도 '조구리'가 있다. '굴쪼'는 '조구리'의 역어에서 온 말이다. '조'가 '쪼'가 된 것은 'ㄹ' 뒤에서 흔히 일어나는 된소리 현상에서 비롯된 것이다. ⑧~⑩은 모두 그 사물을 일컫는 명칭의 역어로 은어를 정한 경우이다.

---

13) 밀랍으로 만든 초. 납촉(蠟燭). 황초. 황촉.
14) 쇠기름으로 만든 초. 육촉(肉燭).

1.13. 서술어[15]

상대적으로 소경의 은어는 명사가 발달하였고 서술어는 이에 비해 수적으로 적다.

① 가다(쥐다)
② 크다(대이다)
③ 자다(숙이다)
④ 보다(관이다)
⑤ 읽다(독이다)
⑥ 서다(기이다)
⑦ 많다(다이다)
⑧ 살다(생이다)
⑨ 적다(소이다)
⑩ 먹다(멕이다)
⑪ 있다(쟀다)
⑫ 덥다(온밧다)
⑬ 춥다(한밧다)
⑭ 쫓다(축밧다)
⑮ 마르다(건밧다)

'①~⑨'는 모두 각각의 서술어에 해당하는 한자 '주(走), 대(大), 숙(宿), 관(觀), 독(讀), 기(起), 다(多), 생(生), 소(少)' 등에 매개모음의 성격을 지닌

---

15) 이 부분은 임안수(1997:87-88)가 제시한 어휘를 많이 참고하였다.

‘-이-’를 붙인 후 어말어미 ‘-다’로 끝난 경우들이다. ⑩의 경우는 위와
는 달리 동사 어간 ‘먹-’에 매개모음 ‘-이-’가 붙은 후 ‘ㅣ역행동화’가 나
타난 경우이다. ⑪은 매개모음 ‘-이-’를 넣지 않고 ‘있을 재(在)’로 대신
하여 나타낸 경우이다.

‘⑫~⑮’는 모두 각각의 서술어에 해당하는 한자 ‘온(溫), 한(寒), 축(逐),
건(乾)’에 ‘-밧다’가 붙은 경우인데, 이는 경상도 방언에서 유래한 것으
로 보인다. 경상도 방언에 ‘깨끗하다’를 ‘깨끔밧다’로, ‘게으르다’를 ‘개
을밧다, 게그밧다, 게알밧다’ 등으로 사용하는데, 이와 연관이 있어 보
인다.

소경들의 은어는 다양한 모습을 갖추고 있다. 특히 그 형성의 원리
를 중심으로 살펴보면, 단순히 어순을 반대로 도치하여 만든 ‘역어(逆
語)’, 도치한 후 변형까지 꾀한 ‘역변어(逆變語)’, 『주역』에서 차용한 ‘주
역차용어(周易借用語)’, 한자의 음이나 훈을 차용한 ‘한자차용어(漢字借用
語)’, 음가(音價)를 길게 늘인 후 도치한 ‘장음도치어(長音倒置語)’, 대상을
일컫는 한자를 다른 자로 대체하여 차용한 ‘대체한차어(代替漢借語)’, 다
른 대상에 비유하여 표현한 ‘비어(比語)’, 긴 구나 문장을 줄여서 표현한
‘약어(略語)’, 위 어휘형성어를 둘 이상 적용한 ‘혼합어(混合語)’ 등이 나
타난다. 이 글의 대상이 되었던 총 144개의 은어들의 형성 원리를 분
석해 보면, 역어 13개, 역변어 10개, 주역차용어 29개, 한자차용어 42
개, 장음도치어 5개, 대체한차어 4개, 비어 15개, 약어 2개, 혼합어 16
개, 어원 미상 2개, 기타 6개 등이었다. 이러한 분석을 통해 대체로 소
경 은어들은 『주역』과 한자를 차용한 경우가 많았으며, 비어와 역어도

그 다음으로 많음을 알 수 있다. 또 두 가지 이상의 복잡한 과정을 거친 혼합어도 많이 발달하고 있음을 알 수 있다. 아울러 역어, 역변어, 장음도치어 등은 모두 도치하여 표현한 종류들인데, 그 비율은 전체 대상 어휘의 19%로 혼합어 속에 있는 도치된 표현들까지 포함하면 비율이 훨씬 높아진다. 이는 도치된 표현도 소경 은어에 흔히 사용된 것임을 알 수 있다.

또 은어를 종류별로 나누어 보면, 사람이나 숫자, 신체 등과 관련된 은어들이 특히 발달했음을 알 수 있다. 이러한 모든 현상은 소경들의 직업과 밀접한 관련이 있다. 즉, 점복업, 안마업, 침구업 등의 직업 속에서 이들이 유별성과 은밀성을 유지하기 위해 은어들이 발달하였다는 사실을 입증한다.

그러나 이러한 소경 은어들은 최근에는 점점 사라져가고 있다고 한다. 사회 언어 현상의 한 편린으로 치부할 수도 있겠으나, 은어의 모습이나 변화 양상 등을 통해, 우리는 언어의 한 측면을 고찰할 수 있다. 이 글은 그러한 시도로서 기획된 것이었으나, 애초 의도한 바처럼 심도 있는 연구가 되지 못함이 아쉽다. 앞으로 이에 대해 종합적인 정리와 검토가 이어져야 할 것이다.

제 2 장

심마니의 은어

  심마니는 '심메마니'의 준말로, '심'은 산삼의 고어(古語)이고, '메'는 '산(山)'의 고어이며, '마니'는 범어에서 '큰사람'을 뜻하는 'mani'에서 유래한 것이라 한다. 옛날부터 산삼이 많이 나는 곳은 개마고원이 있는 함경도와 평안북도, 그리고 강원도 지역으로, 이곳들이 심마니들의 주요 활동 지역이었다. 따라서 이들의 언어도 이들 지역의 방언들과 밀접한 관련을 맺고 있다. 또 그들은 산삼을 찾아내는 일이 인간의 능력을 벗어나는 초월적인 산신령의 영역이라 믿었으며, 신성불가침 구역에 대한 최소한의 예의와 산삼 약효의 신비성을 고려하여 은어를 의도적으로 사용하였다.

  한국산삼협회의 주장에 따르면 은어가 요즘도 사용되고 있는 지방은 전국의 유명한 산, 즉 설악산, 오대산, 백암산, 태백산, 소백산, 지리산, 대암산, 덕유산 등이라고 한다. 그러면서 최근에 밝혀진 바에 따르면, 설악산 일대에 심마니 은어가 가장 많고, 오대산, 대성산, 대암산을 거쳐 소백산을 정점으로 해서 그 아래로 내려오면 은어는 실질적으로 사라진 형편이라 한다. 요즘 들어 지리산, 덕유산, 백운산 등에 심마니 200여 명이 활동하지만, 이들은 30대에서 50대 전후로 은어 사용을 거의 하지 않거나 사용할 필요성을 느끼지 못한다고 하였다.[16)]

심마니 은어의 분포지역은 크게 두 지역으로 나눌 수 있다. 하나는 낭림산맥과 함경산맥을 중심으로 활동하는 심마니들의 은어로 행정구역상 평북과 함경도 지역에 해당된다. 심마니 은어의 본고장[17)]이라 할 정도로 그 은어가 발달하였다. 특히 평북 지역의 중국 국경 접경지역인 자성, 후창, 강계, 위원 등에서 은어가 발달하였다. 다른 하나는 태백산맥과 소백산맥을 중심으로 활동하는 심마니들의 은어로 행정구역상 강원도와 전라도 지역에 해당된다. 강원도 지역의 설악산과 오대산 근방 지역에서 특히 두드러지게 발달하였다. 이 글은 국립국어원에서 빌간한 『표준국어대사진』(1999년)에 수록된 어휘를 주된 대상으로 하였으며, 기술상의 편의를 위해, 앞의 것을 낭림지역 은어, 뒤의 것을 태

---

16) 심마니 은어 자료를 수집하는데, 심마니 7년차인 한국심마니협회 천안지부장 황규연 씨의 도움도 받았다. 이 분은 천안시 직산읍 삼은리 70번지 한도아파트에 사시는데, 오뉴월은 심마니들이 가장 바쁜 시기로 비가 오지 않으면 늘 강원도와 충북 산지를 돌아다니신다. 도움을 주신 황규연 씨에게 감사의 마음을 전한다.
17) 연호택(1992:82)은 심메마니 은어의 유래에 대해, 今村鞆氏의 의견을 제시하였는데, 호인(胡人) 침입자의 자손들이 은어를 전래 받아 사용하면서 기인했거나 입산 밀채자들이 채삼작업상 자신들만의 통용될 수 있는 필요에 의해 자연적으로 만들어졌다는 설이 그것이다. 한편 최범훈(1983:96)은 은어의 본질 가운데 2개 이상의 언어가 교접하는 지역에서 특히 발달하는데, 이 지역은 만주어와 중국어가 교접하는 곳이기에 그러함을 제시하였다.

백지역 은어로 표시할 것이다.

이 글의 기술은 다음과 같은 순서로 할 것이다.

> 번호) 심마니 은어 어휘를 제시한다.
> ① 사전적 의미를 제시한다.
> ② 방언의 측면에서 본 경우이다.
> ③ 한국산삼협회와 한국전통심마니협회에서 제시하는 해당 은어이다.
> ④ 해당 어휘가 어느 지역의 은어인가를 밝힌다.[18]
> ⑤ 어휘에 대한 국어학적 설명을 보충한다.

대상으로 삼은 어휘는 총 182어휘로, 천문(12), 지리(6), 인체(10), 인물(14), 식물(41), 동물(20), 기구(23), 음식(21), 의복(9), 시간(7), 서술어(11), 기타(8) 등이다.

---

18) 낭림지역 은어인지, 태백지역 은어인지는 최범훈(1983)의 부록 부분을 많이 참고
하였다.

1. 천문

1) 안개시리

① 심마니들의 은어로 '구럭[19]', 구름, 안개, 연기(煙氣), 입[口]'을 이르는 말.

② 평북 심마니말로 '구름'을 일컬어 '안개시리 / 더펑이'라 한다.

④ 낭림지역 은어이다.

⑤ '안개'에 심마니 은어에서 흔히 나타나는 '-시리' 접미사가 붙은 경우이다.

2) 건들게[20] / 설레

① 심마니들의 은어로 '바람'을 이르는 말.

② 평북 심마니말은 '설레 / 풍시 / 풍시리 / 풍어리' 등이 있다.

③ 건들세 / 풍이 / 풍 / 풍시링 / 솔이대 / 풍일이(산삼협회)[21], 건들게(심마니협회)[22]

④ '건들게'는 태백지역 은어이고, '설레'는 낭림지역 은어이다.

⑤ ②와 ③을 참조할 때, '풍(風)'을 가지고 표현한 은어임을 알 수 있

---

19) 새끼를 드물게 떠서 만든 물건
20) 국립국어원(1999)의 『표준국어대사전』에는 '건믈게'라 하였는데, 이는 '건들게'를 잘못 표기한 것으로 보인다.
21) (산삼협회)는 한국산삼협회(www.sansam21.com)에서 제시한 것으로, 현재 사용 중인 은어이다.
22) (심마니협회)는 한국전통심마니협회(www.simmemani.org)에서 제시한 것으로, 현재 사용 중인 은어이다.

다. '건들게'는 의태어 '건들'에 명사화 접미사 '-게'가 붙은 형태
이다. '설레'도 의태어에서 비롯된 형태이다.

3) 더펑이 / 데팽이 / 테펭이

① 심마니들의 은어로 '구름, 안개, 수건, 이불, 하늘'을 통틀어 이르
　는 말.
② '구름, 이불, 하늘, 안개'의 평북 심마니말로 '더펑이'가 있다.
③ '안개'를 '데팽이 / 더펭이 / 안개실이 / 덤펭이(산삼협회)'와 '데팽이
　(심마니협회)'로 쓴다.
④ '안개실이'는 낭림지역 은어이고, '데팽이, 테펭이, 더펭이, 덤펭
　이'는 낭림지역과 태백지역 은어이다.
⑤ '더펑이'가 이렇게 의미역이 많은 이유는 알 수 없다. '구름'과 '안
　개'의 경우는 아주 작은 물방울이라는 점이 유사하나 그 외의 것
　들은 의미의 유사성이 발견되지 않는다.

4) 종종이 / 반들개

① 심마니들의 은어로 '별'을 이르는 말.
② 평북 위원 지역의 심마니말은 '별시리'이다.
③ 반들개 / 별실이(산삼협회)
④ '종종이'는 태백지역, '별시리, 별실이, 반들개'는 낭림지역 은어이다.
⑤ 배도식(1981:263)은 '반들개'를 별이 '반들반들' 해서 생긴 말로 본
　다. '반들개'는 의태어 '반들반들'에 명사화 접미사 '-개'의 결합이
　다. 한편 '종종이'는 촘촘하고 많은 별빛이 또렷한 모양을 일컫는

고유어 '총총'에서 유래한 것으로 보인다.

5) 우둥탕

① 심마니들의 은어로 '횃불'을 이르는 말.

④ 낭림지역 은어이다.

⑤ 연호탁(1992:85)은 '우둥탕'을 의성어적인 비유어로 제시하였다. 연호탁의 의견처럼 횃불을 들 때 나는 '우당탕/우둥탕' 소리에서 비롯된 은어로 보인다.

6) 우딩

① 심마니들의 은어로 '화톳불'을 이르는 말.

② 함북의 부령, 경원, 종성 지역 방언에 '우등불'이 있다. '모닥불'을 평북 여러 지역과 함북 일부 지역에서 '우등불'이라 하기도 한다.

③ '모닥불'을 '황득'(산삼협회), '황득'(심마니협회) 등으로 표현한다.

⑤ 모닥불을 일컫는 평북과 함북 방언 '우등불'의 '우등'에서 유래한 것으로 보인다.

7) 달/토하리

① 심마니들의 은어로 '불'을 이르는 말.

② 평북 심마니말로 '불거지'가 있으며, 평북 강계와 후창의 심마니말로 '불거디23)', 평북 강계와 자성의 심마니말로 '불구지'가 있다.

---

23) 김공칠(1988:131)이 제시한 평안도 방언의 특징 중에는 '구개음화 미완성'이 있는

④ '불거지, 토하리'는 낭림지역 은어이고, '달'은 태백지역 은어이다.

⑤ 이기문(1991:208)은 '토하리'를 小倉進平(1930)이 한남(혜산과 풍산)의 심마니말에서 확인한 말 중 만주어 기원의 'tuwa(火)'와 연관이 있다고 본 것은 주목할 만하지만, 같은 의미의 에벤키 어 'toɾo-toho', 라무트 어 'tor-toɾol'과 더 가까운 일면이 있다고 보았다. 연호탁(1992:87)도 '토하리'를 만주어 'tuwa(火)'의 차용어로 보았다. 배도식(1981:263)은 '불(火), 붉(赤)'에서 나온 말로 본다. 기존의 연구를 참조할 때, '토하리'는 만주어 'tuwa(火)'에서 유래되었으나, '달'은 그 연원을 찾기 어렵다.

8) 헤기 / 히기 / 히디기 / 히에기 / 히어기

① 심마니들의 은어로 '눈[雪]'을 이르는 말.

② 평북에서 '눈[雪]'과 '서리[霜]'를 일컫는 심마니말로 '히어기 / 히에기'가 있다.

③ 히게 / 회제비 / 회뜸 / 흰적이(산삼협회), 히게(심마니협회)

④ '헤기, 히에기, 히어기'는 낭림지역 은어이고, '히기, 히디기'는 태백지역 은어이다.

⑤ 서정범(1989:263)을 참고하면 '서리[霜]'에 해당되는 몽골 어는 'hira-gu'이며, 튀르크 어는 'kəragə'이다. 연호탁(1992:86)은 '히디기, 히에기'를 의태어적인 비유어로 제시하였고, '히에기'는 한자어 雪(hsueh)의 차용어로 보았다. 은어에 나타나는 '히-'를 배도식(1981:262)은 '희다'에서 따온 것으로 본다. 결국 '눈'을 가리키는 은어들

데, 바로 그러한 모습을 보여 주고 있다.

은 알타이 어 'h/k+V+ragV'에서 유래한 것으로, 색깔을 표시한 '희[白]-'와 연관하여 나타난 것들이다.

9) 줄멩이 / 줄메 / 홀님이

① 심마니들의 은어로 '비[雨]'를 이르는 말.

③ 줄멩이 / 줄메 / 홀님이(산삼협회), 줄멩이(심마니협회)

④ '홀님이'는 낭림지역 은어이고, '줄멩이, 줄메'는 태백지역 은어이다.

⑤ 배도식(1981:263)은 비가 줄줄 '흘러내리는' 데서 연유한 말로 본다. 최범훈(1983:112)도 '줄멍이'가 '비가 줄줄이 내리는 것'을 기준으로 구성된 은어라 하였다. 결국 '줄줄' 내리는 것을 본 따 '줄멩이 / 줄메', 비가 '흘러내리는' 것을 본 따 '홀님이'가 나타난 경우이다.

10) 매찰이 / 매치미 / 매취갱이

① 심마니들의 은어로 '이슬[露]'을 이르는 말.

③ 매찰이 / 매치미 / 매취갱이(산삼협회)

④ '매취갱이'는 낭림지역 은어이고, '매찰이, 매치미'는 태백지역 은어이다.

⑤ '매치미'는 '(이슬이) 맺히다'의 명사형 '맺힘'이 방언에서 '매침'으로 실현되었고, 여기에 명사화 접미사 '-이'가 붙은 형태이다.

11) 괭가리

① 심마니들의 은어로 '달'을 이르는 말.

② 평북 심마니말로 '밤비취 / 센취[24]' 등이 있다.

③ 괭가리(산삼협회), 꽹과리(심마니협회)

④ '밤비취'와 '센취'는 낭림지역 은어이다. '괭가리 / 꽹과리'는 태백
　지역 은어로 보인다.

⑤ '비취'는 '日, 光'에서 유래한 말로 배도식(1981:261)은 보았다. 최범훈
　(1983:111)은 '센취'는 만주어로 보이나 확인되지 않는 것이라 하였
　다. 태백지역의 은어 '괭가리 / 꽹과리'는 놋쇠로 만든 누런 농악기
　인 '꽹과리'가 '달[月]'과 모습, 색이 비슷해서 붙여진 것으로 보인다.

12) 노래기 / 돌이 / 빗치

① 심마니들의 은어로 '해'를 이르는 말.

② 평북 심마니말로 '비취'가 있다.

③ 노리개(심마니협회)

④ '빗치'는 낭림지역, '노래기'는 태백지역 은어이다.

⑤ 연호탁(1992:86)은 '노래기'를 의태어적인 비유어로 제시하였다. '노
　래기'는 그 빛깔 '노래[黃]-'에서 비롯된 것으로 명사화 접미사 '-기'
　가 후접한 경우이고, '빗치'는 '빛[光]'에서 유래한 어휘이다.

---

24) 이기문(1991:208-209)은 심마니말 중에서 근원을 알 수 없는 단어로 '센취'를 제
　시하고 있다.

2. 지리

1) 고분성

① 심마니들의 은어로 '높은 산'을 이르는 말.

③ '산줄기'를 '고분성 / 장태'(산삼협회), '산줄기'를 '고분성'(심마니협회)

④ 낭림지역 은어이다.

⑤ 한자어로 보인다. 분성은 '산'을 뜻하고 '고'는 高를 쓴 것으로 보인다.

2) 배분성

① 심마니들의 은어로 '골짜기'를 이르는 말.

③ '계곡'을 '배분성'(산삼협회), '계곡'을 '백운성'(심마니협회)

⑤ 한자어로 보인다. 분성은 '산'을 뜻하고 '배'는 掰를 쓴 것으로 보인다.

3) 왁서기 / 찌기

① 심마니들의 은어로 '바위'를 이르는 말.

③ '돌'을 '찌기'(산삼협회), '돌'을 '찌기'(심마니협회)

④ '찌기'는 태백지역 은어이다.

⑤ 연호탁(1992:83)은 기밀유지를 위해 만들어진 비밀어로 '찌기'를 제시하였다. 최범훈(1983:111)은 이숭녕(1957)이 '찌기[岩]'를 몽골 어 고 어 'čilagun'과의 비교가능성을 제시하였다고 하였다. 한편 최범훈

(1983:111)은 '찌기'가 만주어로는 보이나 확인되지 않는 것이라 하였다. 돌을 가지고 찧는 것을 일컫는 '찧기'에서 유래한 것으로 보인다.

4) 숨깨 / 술깨

① 심마니들의 은어로 '웅덩이'를 이르는 말.
④ 태백지역 은어이다.

5) 토시리 / 토미

① 심마니들의 은어로 '흙'을 이르는 말.
② 평북 심마니말로 '토 / 토시리'가 있다.
④ '토시리'는 낭림지역 은어이고, '토미'는 태백지역 은어이다.
⑤ '토시리'는 한자어 '토(土)'와 명사화 접미사 '-시리'의 결합이다. 최범훈(1983:117)은 '-시리'의 어원이 미상이나 단음절로 구성된 명사일 경우 보편적으로 후접되는 무의미한 접미사로 보았다.

6) 사시미 / 도술깨 / 도시리

① 심마니들의 은어로 '길[道]'을 이르는 말.
② 평북 심마니말로 '도시리'가 있다.
③ 도술 / 도시미 / 도수로 / 도실이(산삼협회)
④ '도시리'는 낭림지역 은어이고, '사시미, 도술깨'는 태백지역 은어이다.
⑤ 연호탁(1992:83)은 기밀유지를 위해 만들어진 비밀어로 '사시미'를

제시하였다. 반면, '도시리'는 한자어 '도(道)'에 명사화 접미사 '-시
리'의 결합이다.

3. 인체

1) 마니 / 얼커니 / 멀컨니

① 심마니들의 은어로 '사람[人]'을 이르는 말.

③ 마니 / 얼커니 / 멀컨니(산삼협회)

④ '마니'는 태백지역 은어이고, '얼커니, 멀컨니'는 낭림지역 은어이다.

⑤ '마니'는 앞부분에서 제시한 바처럼, 범어 '큰사람'을 뜻하는 'mani'
에서 유래한 것으로 통상 본다.

2) 부루치 / 야사

① 심마니들의 은어로 '눈[眼]'을 이르는 말.

③ 부루치(산삼협회), 부루치 / 초롱 / 반들개 / 살피개 / 실피개(심마니협회)

④ '살피개, 야사, 초롱, 반들개'는 낭림지역 은어이고, '부루치'는 태
백지역 은어이다.

⑤ 이기문(1991:208)은 小倉進平(1930)이 한남(혜산과 풍산)의 심마니말에
서 확인한 말 중 만주어 기원의 'yasa(眼)'와 연관이 있다고 본 것은
주목할 만하다고 보았다. 서정범(1989:58)을 참고하면 '眼'의 여진
어는 'yasi'이다. 연호탁(1992:87)도 '야사'를 만주어 'yasa(眼)'의 차용

어라 하였다. '살피개'는 살피다(察)의 어간 '살피-'에 명사화 접미
사 '-개'가 결합한 것이다. 이상의 의견을 참고할 때, '야사'는 만주
어에서 기원한 것으로 보이며, '살피개'는 '눈'이 살피는 역할을 하
는 데서 유래한 은어로 보인다.

3) 반들개

① 심마니들의 은어로 '눈썹'을 이르는 말.
⑤ 이 은어도 '반들거리다'의 어근에 명사화 접미사 '-개'가 결합한 것
　으로 보인다.

4) 골자래

① 심마니들의 은어로 '머리'를 이르는 말.
② 평북 심마니말로 '골자래/노대'가 있다.
④ '노대, 골자래'는 낭림지역 은어이다.
⑤ '골자래'의 '골'은 '머릿골'의 준말을 뜻하는 것으로 보이며, '자래'
　는 '자리[席]'에서 온 듯하나 확실하지는 않다.

5) 버데기

① 심마니들의 은어로 '다리[脚]'를 이르는 말.
② 평북 심마니말로 '버뎅이/버텡이'가 있으며, 평북 위원 지역 심
　마니말로 '버덩이', 평북 자성 지역 심마니말로 '버데기'가 있다.
④ '버데기, 버뎅이, 버텡이, 버덩이'는 낭림지역 은어이다.

⑤ 한국방언학회(1975:134)를 보면 小倉進平이 분류해 놓은 것을 그대로 인용하였는데 '버데기'는 국어를 비유적으로 표현한 것으로 제시하였다. 배도식(1981:263)은 '버댕이'가 두 다리가 '벌어져' 있다는 데서 연유한 말로 본다. 쓰러지지 않게 받치다는 뜻의 '버티다'의 '버티-'에 명사화 접미사 '-이'가 결합한 것이 아닌가 한다.

6) 논다리

① 심마니들의 은어로 '피[血]'를 이르는 말.
④ 태백지역 은어이다.

7) 쥐아미 / 그레토 / 쥐애미 / 잘개 짐개

① 심마니들의 은어로 '손[手]'을 이르는 말.
③ 쥐아미 / 그레토 / 쥐애미 / 잘개 / 짐개(산삼협회), 쥐아미 / 그레토 / 잘개 / 짐개(심마니협회)
④ '잡개'는 낭림지역 은어이다.
⑤ 한국방언학회(1975:134)를 보면 小倉進平이 분류해 놓은 것을 그대로 인용하였는데 '잡개'는 국어를 비유적으로 표현한 것으로 제시하였다. '잡개'는 '잡다(捕)'의 어간 '잡-'에 명사화 접미사 '-개'의 결합이다. 북한어에서 '쥐엄질'을 '쥐암이'라 일컫는데, 이와 연관된 은어가 '쥐아미 / 쥐애미'로 보인다. 즉, '쥐-'의 동사 어간에 명사화 접미사 '-엄 / 암'이 결합된 경우로, 이와 유사한 구조로는 '묻-엄〉무덤, 죽-엄〉주검' 등이 있다.

8) 노랑지기

① 심마니들의 은어로 '병(病)'을 이르는 말.

② 평북 심마니말로 '노랑지기'가 있다.

④ 낭림지역 은어이다.

⑤ 병색(病色)에서 유래한 것으로 보인다.

9) 되나지

① 심마니들의 은어로 '똥'을 이르는 말.

② 평북 심마니말로 '되나지 / 드낙시리 / 디락시리' 등이 있다.

④ '드낙시리, 디락시리'는 낭림지역 은어이다.

⑤ 배도식(1981:263)은 '디락시리'의 '디락'은 떨어지는 소리에서, '-시리'
는 접미사로 분석하였다. '디락시리'는 '디대[滴]'의 어간 '디-'에, 받
침 없는 용언의 어간 뒤에 붙어 동작, 상태가 반복됨을 나타내는
연결어미 '-락'이 결합하여, '디락-'에 명사형 접미사 '-시리'가 붙은
것으로 보인다. 그러나 결합 구조면에서는 일상적인 언어 현상에
서 벗어난다.

10) 수룽대 / 수리대

① 심마니들의 은어로 '오줌'을 이르는 말.

② 평북 방언에 '수룽대'가 있다. 평북 심마니말로 '눈다'가 있다.

④ 낭림지역과 태백지역 은어이다.

⑤ 어린 아이의 오줌이나 오줌을 누는 일을 일컬어 '쉬'라 하는데, '수
룽대 / 수리대'는 이와 연관이 있어 보인다.

4. 인물

1) 만이 / 먹킹이

① 심마니들의 은어로 '사람'을 이르는 말.

② 평북 심마니말로 '멀커니'가 있다.

③ 마니 / 얼커니 / 멀컨니(심마니협회)

④ '만이 / 마니'는 태백지역 은어, '먹킹이'는 낭림지역 은어이다.

⑤ '만이' 또는 '마니'는 사람이라는 뜻으로 심마니 은어에서 흔히 쓴다.

2) 선채마니(善採--)

① 심마니들의 은어로 산삼을 잘 캐는 능숙한 심마니를 이르는 말.

③ 심메마니 / 선채마니 / 마니심채군 / 산마니 / 마니 / 채약꾼(심마니협회)

④ '선채'는 태백지역 은어이다.

⑤ '선채'는 한자어 '善採'이며, '마니'는 사람을 뜻한다.

3) 선천마니

① 심마니들의 은어로 '풋내기'를 이르는 말.

② 평북 방언으로 '푸숭이'가 있다.

⑤ '선천'은 한자어 '善擅'에서 온 것으로 보이며, '마니'는 사람을 뜻한다.

4) 천동마니

① 심마니들의 은어로 풋내기 심마니를 이르는 말.

② 평북 심마니말로 '천동마니'가 있다.

⑤ '천동'은 한자어 '擅童'에서 온 것으로 보이며, '마니'는 '사람'을 뜻한다.

5) 초마니(初--)

① 심마니들의 은어로 '초년생 심마니'를 이르는 말.

⑤ '초'는 한자 '初'에서 온 것이며, '마니'는 '사람'을 뜻한다.

6) 소개장마니

① 심마니들의 은어로 '계집애'를 이르는 말.

② 평북 방언은 '이미나'이다.

⑤ '소개장'은 한자어 '少佳妝'이 '소개장'으로 변하지 않았나 하며, '마니'는 '사람'을 뜻한다.

7) 소쟁이

① 심마니들의 은어로 '아이들'을 이르는 말.

④ '소쟁이 / 소댕이'는 낭림지역 은어이다.

⑤ 배도식(1981:261)은 한자어 '소동(小童)'에서 생긴 말로 본다. 그러나 '소쟁이'는 한자 '小'에 속성을 가진 사람을 뜻하는 접미사 '-쟁이'의 결합이다.

8) 소장마니

① 심마니들의 은어로 '젊고 경험 없는 채삼꾼'을 이르는 말.

③ 소장마니(산삼협회), 소장마니(심마니협회)

④ 태백지역 방언이다.

⑤ '소장'은 한자어 '少丈'이나 '少壯'을, '마니'는 사람을 뜻한다.

9) 개장마니

① 심마니들의 은어로 '계집'을 이르는 말.

③ 개장마니 / 가장멀커니(산삼협회), 개장마니 / 가장멀커니(심마니협회)

④ '개장마니, 가장멀커니'는 태백지역 은어이다.

⑤ '개장 / 가장'은 한자어 '佳妝'에서 온 것으로 보이며 '마니'는 '사람'
  을 뜻한다.

10) 윗만

① 심마니들의 은어로 '어른'을 이르는 말.

⑤ '윗만'은 '윗[上]'과 'mani[人]'의 이형태 '만'의 결합으로 보인다.

11) 노마니(老--)

① 심마니들의 은어로 '노련한 심마니'를 이르는 말.

⑤ '노마니'는 한자 '老'와 사람을 뜻하는 '마니'의 결합이다.

12) 동자마니(童子--)

① 심마니들의 은어로 '사내아이'를 이르는 말.

④ 태백지역 은어이다.

⑤ '동자마니'는 한자어 '童子'와 사람을 뜻하는 '마니'의 결합이다.

13) 어이님 / 어이마니

① 심마니들의 은어로 '산삼 캐기에 경험이 많고 능숙한 사람'을 이
   르는 말.
③ 어인마니(산삼협회), 어인마니(심마니협회)
④ '어이마니, 어이님, 어인마니'는 태백지역 은어이다.
⑤ 연호탁(1992:81)은 조선 세종 말엽 이래 독려책의 일환으로 채삼
   대(採蔘隊)의 우두머리를 '어인(御人)'이라 칭하였고, 여기에 존칭접
   미사 '마님'이 첨가되어, '어인마님'으로 되었던 것이 어말자음 탈
   락 현상으로 '어인마니'가 되었다고 주장한다. 그러나 '마니'는 '마
   님'의 어말자음 탈락보다는 범어 'mani(큰사람)'에서 왔다는 주장이
   더 설득력이 높다.
     한편, '어인'은 최범훈(1983:98)의 주장처럼, 북방어계로 알려진
   '어싀(親)〉어이'가 人에 유추되어 어인이 되고 다시 '어인(御人)'으
   로 표기한 것으로 보인다.

14) 염적이마니

① 심마니들의 은어로 '산삼을 캐는 데에 경험이 적고 나이가 어린
   사람'을 이르는 말.
④ 태백지역 은어이다.
⑤ '염적이'는 '연(年)'과 '적다(小)'의 어간 '적-'과 '-이'의 결합형 '적이'
   가 연결된 것으로 보인다.

5. 식물

1) 기둥이

① 심마니들의 은어로 '가랑이가 둘로 갈라진 산삼(山蔘)'을 이르는 말
④ 낭림지역 은어이다.
⑤ '기둥이'는 산삼의 모양을 비유적으로 표현한 경우이다.

2) 내피

① 심마니들의 은어로 '2년생 산삼'을 이르는 말.
③ '1년생 삼'을 '내피'(산삼협회), '1년생 삼'을 '내피'(심마니협회)
④ 태백지역 은어이다.
⑤ 최범훈(1983:105)은 '내피'가 한자어 '內皮'에서 온 것으로 본다.

3) 카쿠

① 심마니들의 은어로 '3년이 안 된 산삼'을 이르는 말.
③ 카쿠 / 진카쿠 / 참카쿠(산삼협회)
④ 태백지역 은어이다.
⑤ 최범훈(1983:111)은 이 은어는 만주어로는 보이나 확인되지 않는
   것이라 하였다.

4) 유구 / 오지

① 심마니들의 은어로 '오지생(五枝生)'을 이르는 말.

③ 유구 / 오지(산삼협회)

⑤ '오지'는 한자어 '五枝'에서 온 것이 확실하나 '유구'는 그 기원을
알 수 없다. '구'는 시체를 세는 단위로 쓰이는 '具'와 관련이 있는
듯도 하다. 산삼이 인체의 형태를 닮은 상태로 땅 속에 묻혀 있는
모습에 착안하여 '具'를 사용하지 않았나 생각하는 것이다. '사구
[四枝生], 오구[五枝生], 육구[六枝生]' 등에 나타나는 '구'도 모두 이
와 연관된다.

5) 사구 / 사구쌍대 / 사지쌍대밭이

① 심마니들의 은어로 '사지생(四枝生)'을 이르는 말.

③ 사구 / 사구쌍대 / 사지쌍대밭이(산삼협회)

④ '사구쌍대'는 태백지역 은어이다.

6) 오구

① 심마니들의 은어로 '5년생 산삼'을 이르는 말.

③ 오구(심마니협회)

④ 태백지역 은어이다.

7) 육구

① 심마니들의 은어로 '6년생 산삼'을 이르는 말.

③ 육구(산삼협회), 육구(심마니협회)

④ 태백지역 은어이다.

8) 눅지배기

① 심마니들의 은어로 '줄기 하나에 가지 여섯이 뻗은 삼'을 이르는 말.

④ 낭림지역 은어이다.

⑤ '눅지배기'는 한자어 '六枝'에 '그런 물건'의 뜻을 더하는 접미사 '-배기'의 결합이다. 현대어에서도 '-배기'는 '공짜배기, 대짜배기, 진짜배기' 등이 있다.

9) 다말[25] / 다알

① 심마니들의 은어로 '산삼의 씨'를 이르는 말.

④ 태백지역 은어이다.

⑤ 최범훈(1983:111)은 만주어 '파종하다(tarimbi)'의 동사 어간 'tar'에서 온 것으로 본다. 타당한 주장으로 보인다.

10) 도삼

① 심마니들의 은어로 '사람처럼 아랫도리가 통통하고 여자의 몸매처럼 잘생긴 삼'을 이르는 말.

③ 도삼(산삼협회)

⑤ '도삼'의 '도'는 '아랫도리'를 상징하는 '도'에 '蔘'이 연결한 경우로 보인다.

---

25) 국립국어원(1999)의 『표준국어대사전』에는 '다말'이라 하였는데, 이는 '다알'을 잘못 표기한 것으로 보인다.

11) 인형삼

① 심마니들의 은어로 '사람처럼 팔과 다리의 모양을 제대로 갖춘
   삼'을 이르는 말.
③ 인형삼(산삼협회)
⑤ '인형삼'은 한자어 '人形'에 한자 '蔘'이 결합한 경우이다.

12) 와삼

① 심마니들의 은어로 '몸뚱이에 가지가 많이 나 있는 삼'을 이르는 말.
③ 와삼(산삼협회)
⑤ '와삼'은 한자 '渦'와 '蔘'의 결합으로 추정된다.

13) 왕초

① 심마니들의 은어로 '큰 산삼'을 이르는 말.
③ 왕초(심마니협회)
⑤ 우두머리를 뜻하는 '왕초'가 심마니 은어로 정착한 경우로 보인다.

14) 심

① 심마니들의 은어로 '삼'을 이르는 말.
③ '산삼'을 '심메'(심마니협회)
④ '4년 이상의 산삼'을 태백지역 은어로 '심'이라 한다.
⑤ 연호탁(1992:81)은 한자어 '산삼(山蔘)'의 고유어 '메삼'이 '삼'의 유의
   어인 '심'으로 바뀌고 이렇게 하여 정착된 '메심'이 치환작용(置換

作用)에 의해 '심메'가 되었다고 주장한다.

'심'은 다음의 기록을 참고하면 '(人)蔘'의 고어였다.

이 심은 新羅ㅅ 심이라(這蔘是新羅蔘也) —『노걸대언해 下』, 51쪽.
심과 ᄆᆞ론 싱앙 각 엿 량과롤 ᄀᆞ라처(人蔘 심 乾薑 ᄆᆞᄅ 싱앙 各六兩
治下篩) —『구급간이방 1』, 29쪽.
人蔘 심… 一名神草 —『동의보감-탕액 2』, 37쪽.

15) 달

① 심마니들의 은어로 '씨'를 이르는 말.
③ 달(산삼협회)
④ 태백지역 은어이다.

16) 미

① 심마니들의 은어로 '삼의 뿌리'를 이르는 말.
③ 미(산삼협회)
⑤ '미'는 꼬리를 뜻하는 한자 '尾'에서 온 것으로 보인다.

17) 옥비녀 / 비녀꼭지 / 비녀꼬지

① 심마니들의 은어로 '잎의 싹'을 이르는 말.
③ 옥비녀 / 비녀꼭지 / 비녀꼬지(산삼협회)
⑤ '비녀'류의 은어들은 삼잎 싹의 모양에서 유래한 것으로 보인다.

삼잎은 다섯 잎으로 구성되나, 최초 삼잎은 세 개의 잎을 떠운다. 그 세 잎이 난 모양이 비녀를 꽂은 머리 모양인데, 여기에서 유래된 것으로 보인다.

18) 약통

① 심마니들의 은어로 '삼의 몸통'을 이르는 말.

③ 약통(산삼협회)

④ 태백지역 은어이다.

⑤ '약통'은 '약 성분의 몸통'이라는 말의 준말로 나타난 것이 아닌가 한다.

19) 턱수

① 심마니들의 은어로 '뇌두에서 나온 잔뿌리'를 이르는 말.

③ 턱수(산삼협회)

⑤ 뇌두 아래는 사람으로 치면 '턱'에 해당한다. 여기에 수염을 뜻하는 한자 '鬚'가 결합한 단어로 보인다.

20) 봉양 / 옥주

① 심마니들의 은어로 '콩과 식물의 뿌리혹'을 이르는 말.

③ 봉양 / 옥주(산삼협회)

⑤ '봉양'은 한자어 '封養'으로 보인다. 뿌리혹은 실제로 영양분의 봉지라 할 수 있기 때문이다. '옥주'의 경우도 한자 '玉'과 '주머니'를

상징하는 '주'의 결합으로 추정된다.

21) 가락지

① 심마니들의 은어로, '삼의 몸통에 난 주름'을 이르는 말.

③ 가락지(산삼협회)

⑤ 주름의 모양을 '가락지'에 빗대어 표현한 경우로 보인다.

22) 꽃 / 명아리

① 심마니들의 은어로 '산삼의 꽃봉오리'를 이르는 말.

③ 꽃 / 명아리(산삼협회)

⑤ '명아리'는 한자 '明'에 명사화 접미사 '-아리'의 결합으로 보인다.
심마니 은어가 아닌 다른 은어에서 '꽃'은 '불'이나 '성냥'을 뜻하기도 한다.

23) 외구 / 외나피

① 심마니들의 은어로 '잎이 하나 돋은 어린 산삼'을 이르는 말.

③ 외기떼기 / 외내피(산삼협회)

④ '외구'는 낭림지역, '외나피'는 태백지역 은어이다.

⑤ '외구'는 잎이 하나라는 '구'라는 의미로 '구'는 앞서 제시한 바와
같이, 시체를 세는 단위로 쓰이는 '具'와 관련이 있는 듯하다. '외
나피'는 '외[獨]'와 한자어 '內皮'의 결합으로 보인다.

24) 두닢쌍대

① 심마니들의 은어로 '잎이 두 개가 난 산삼'을 이르는 말.

③ 두잎 / 두닢쌍대(산삼협회)

④ 태백지역 은어이다.

25) 세닢부치

① 심마니들의 은어로 '잎이 세 개가 난 산삼'을 이르는 말.

③ 세잎내피 / 삼재비 / 세닢반대(산삼협회)

④ 태백지역 은어이다.

26) 네잎내피 / 사행 / 네닢불이 / 배죄붙이네 / 잎반대

① 심마니들의 은어로 '잎이 네 개가 난 산삼'을 이르는 말.

③ 네잎내피 / 사행 / 네닢불이 / 배죄붙이네 / 잎반대(산삼협회)

④ 태백지역 은어이다.

27) 다섯닢 젖솔배기

① 심마니들의 은어로 '잎이 다섯 개가 난 산삼'을 이르는 말.

③ 오행(산삼협회)

④ '오행, 다섯닢 젖솔배기' 모두 태백지역 은어이다.

28) 동자심(童子-)

① 심마니들의 은어로 '동자삼'을 이르는 말.

④ 태백지역 은어이다.

⑤ 동자심은 작다는 뜻인 '동자(童子)'와 '삼(蔘)'의 고어 '심'의 결합이다.

29) 육구만(六--)

① 심마니들의 은어로 '잎이 여섯 개가 난 산삼'을 이르는 말.

④ 태백지역 은어이다.

30) 칠구두루부치(七----)

① 심마니들의 은어로 '잎이 일곱 개가 난 산삼'을 이르는 말.

④ 태백지역 은어이다.

31) 심밭

① 심마니들의 은어로 '산삼이 무더기로 난 곳'을 이르는 말.

③ '산삼밭'을 '마당심'(산삼협회), '산삼밭'을 '마당심'(심마니협회)

④ '심밭'은 태백지역 은어이다.

⑤ '마당심'은 삼이 많은 마당이란 뜻에서 '심마당'이라 했던 것이 치환작용에 의해 '마당심'으로 된 것이다. 이는 '메심마니'가 '심메마니'로 된 것과 같은 현상이다.

32) 듭새

① 심마니들의 은어로 '버섯'을 이르는 말.

② 평북의 심마니말로 '듭새'가 있다.

④ 낭림지역과 태백지역의 은어이다.

⑤ '듭새'는 그 기원을 알 수 없는 어휘이다.

33) 무두

① 심마니들의 은어로 '나무'를 이르는 말.

② 평북 심마니말로 '무투'가 있으며, 함경도 방언에는 '무투'가 있다.

③ 자래(심마니협회)

④ '무두, 무투'는 낭림지역 은어이고, '자래'는 태백지역 은어이다.

⑤ 한국방언학회(1975:134)를 보면 小倉進平이 분류해 놓은 것을 그대로 인용하였는데 '무투'는 중국어 기원으로 제시하였다. 배도식(1981:264)은 '무투'를 중국어 '木頭'에서 나온 말로 본다. 한편 최범훈(1983:119)은 '무투'가 만주어 'mooto(木頭)' 또는 몽골 어 'moto(摩多)'의 차용어로 본다. '무두'는 만주어 'mooto(木頭)'에서 왔을 가능성이 높다.

34) 무둑시리

① 심마니들의 은어로 '한 곳에 무더기로 자라나는 삼'을 이르는 말.

④ 낭림지역 은어이다.

⑤ '무둑시리'의 '무둑'은 '무더기'의 고어로 '훈무둑 지뢸 노흐면(放一堆灰) － 『박통사언해 하』 48쪽' 등의 기록이 있다. 따라서 '무더기'의 고어 '무둑'과 명사화 접미사 '-시리'가 결합한 형태이다.

35) 무루

① 심마니들의 은어로 '수목(樹木)'을 이르는 말.

⑤ '무루'는 만주어 'mooto(木頭)'에서 기원하여 '무투〈무두〈무루'의 음운 변화를 입어 생겨난 은어로 보인다.

36) 반들개

① 심마니들의 은어로 '산삼의 새싹'을 이르는 말.

⑤ 눈썹이나 눈(眼)을 일컫는 심마니 은어로 또 '반들개'가 있다. 반들개가 새싹을 뜻하는 것은 '눈(萌芽)'과 동음어이기에 나타난 현상으로 보인다.

37) 내피 / 씨 / 다랭이

① 심마니들의 은어로 '산삼의 초생싹'을 이르는 말.

③ 내피 / 씨 / 다랭이(산삼협회)

⑤ 최범훈(1983:105)은 '내피'가 한자어 '內皮'에서 온 것으로 본다. 필자도 '내피'는 한자어에서 올 가능성이 높아 보인다. 평북 방언에 '다래끼'를 일컫는 말로 '다랭이'가 있다. 이를 참조할 때, 산삼의 초생싹이도 마치 다래끼 모양과 흡사한 데서 유래하지 않았나 추정하지만, 확실하지는 않다.

38) 방초(-草) / 부리시리 / 뿌리시리 / 오방추

① 심마니들의 은어로 '산삼(山蔘)'을 이르는 말.

② 평북 자성에서는 '부러시리', 그 외 평북 방언으로 '부루시리, 뿌리시리' 등도 있다.

④ '방초, 부리시리, 뿌리시리, 오방추'는 낭림지역 은어이다.

⑤ 배도식(1981:263)은 '오방초(五芳草)'의 '芳草'는 今村鞆의 주장을 인용해 만주어에서 온 것으로 본다. 최범훈(1983:104)은 '방초(山蔘)'가 한자어 '芳草'에서, '오방초(5엽생 산삼)'는 '五芳草'에서 온 것으로 본다. 최범훈의 주장이 더 설득력 있어 보인다. 한편 '뿌리시리'나 '부리시리'는 산삼의 중심이 '뿌리'이므로 그런 의미의 '뿌리'에 명사화 접미사 '-시리'가 결합한 경우로 보인다.

39) 얼겅이

① 심마니들의 은어로 '덤불'을 이르는 말.
⑤ 그 기원을 알 수 없다.

40) 자래

① 심마니들의 은어로 '땔나무' 또는 '생나무'를 이르는 말.
③ '나무'를 '자래'(산삼협회)
④ 태백지역 은어이다.
⑤ '자래'의 어원은 알 수 없다.

41) 텁석부리

① 심마니의 은어로 '잘고 긴 뿌리가 많이 난 삼'을 이르는 말.
⑤ 앞뒤를 가리지 않고 마구 처신을 할 때 '덥석'이라 하는데, 뿌리

가 난 모양을 그렇게 보아 명사화 접미사를 결합하여 '덥석부리'
라 한 것으로 보인다.

6. 동물

1) 가다니 / 가잠매

① 심마니들의 은어로 '송충이'를 이르는 말.
② 함북 학성 방언에 '가시푸덤'이 있다.
⑤ 그 기원을 알 수 없다.

2) 쓸쓸이

① 심마니들의 은어로 '이[蝨]'를 이르는 말.
④ 닝림지역 은어이다.
⑤ '쓸쓸이'는 이가 다니는 모양을 빗대어 표현한 어휘로 보인다.

3) 알랭이

① 심마니들의 말로 '모기'를 이르는 말.
③ 무기 / 알냉이(산삼협회)
④ 낭림지역 은어이다.
⑤ 사람의 피를 빨아 먹기 위해 '알랑알랑' 대는 모습에서 유래한 것
　이 아닌가 한다.

4) 앵아리

① 심마니들의 은어로 '벌[蜂]'을 이르는 말.

⑤ 연호탁(1992:85)은 '앵아리'를 의성어적인 비유어로 제시하였다.
'앵아리'도 벌이 내는 소리에서 비롯된 어휘로 보인다.

5) 가잣매

① 심마니들의 은어로 '검은색의 다람쥐'를 이르는 말.

④ 낭림지역 은어이다.

⑤ 그 기원을 알 수 없다.

6) 돌제비

① 심마니들의 은어로 '다람쥐'를 이르는 말.

② 평북의 심마니말로 '볼좁이'가 있다.

④ 태백지역 은어이다.

⑤ '볼좁이'에 대해 배도식(1981:265)은 '볼(얼굴)'이 '좁은' 데서 비유된
말로 본다.

7) 곰페 / 넘패 / 넙대 / 넙대기 / 넙대마니

① 심마니들의 은어로 '곰[熊]'을 이르는 말.

② 평북 심마니말로 '너페', 평북 자성 지역 심마니말로 '너펭이', 평
북 강계 지역 심마니말로 '너피', 평북 후창 지역 심마니말로 '니
페' 등이 있다.

③ 넙대(산삼협회), 넙대(심마니협회)

④ '곰페, 넘패'는 낭림지역 은어이고, '넘패, 넙대, 넙대기, 넙대마니'
   는 태백지역 은어이다.

⑤ 이기문(1991:208)에 따르면 小倉進平(1929)의 의견을 좇아 '너패'는
   '곰'을 의미하는 것으로, 이것은 만주어의 'lefu(熊)'에서 온 것으로
   볼 수 있다고 보았다. 한국방언학회(1975:134)를 보면, 小倉進平이
   분류해 놓은 것을 그대로 인용하였는데 '너페'는 만주어 기원으
   로 제시하였다. 연호탁(1992:87)도 '너패'를 만주어 'lefu(熊)'의 차용
   어라 하였다. 만주어 차용을 인정할 때, 태백지역의 은어들은 낭
   림지역의 은어들이 흘러 들어갔을 가능성이 높다. 결국 이상의
   연구들을 참조할 때, 만주어 'lefu(熊)'에서 위 은어들은 형성된 것
   으로 보인다.

8) 귀애기 / 기애기 / 끼애기 / 끼야기

① 심마니들의 은어로 '닭'을 이르는 말.

② 평북 심마니말로 '끼아기, 끼애기, 끼이기' 등이 있다.

④ 낭림지역 은어이다.

⑤ 한국방언학회(1975:134)를 보면 小倉進平이 분류해 놓은 것을 그대
   로 인용하였는데 '끼애기'는 중국어 기원으로 제시하였다. 연호탁
   (1992:85-86)은 '끼애기'를 의성어적인 비유어로 제시하였고, '끼애기'
   를 한자어 鷄(kiɛgi)의 차용어로 보았다. 최범훈(1983:119)은 닭의 울
   음소리를 사음(寫音)한 것으로 본다. 위 은어들의 연원에 대해, 중
   국어 기원설과 의성어 유래설로 양분할 수 있는데, 낭림지역에 발

달한 것으로 미루어, 중국어 기원설의 가능성이 높다.

9) 노갱이 / 흑저구(黑--)

① 심마니들의 은어로 '까마귀'를 이르는 말.

② 평북 강계, 자성, 순천 지역 심마니말로 '노갱이'가 있다.

③ 흑저귀(산삼협회), 흑저귀(심마니협회)

④ '노갱이'는 낭림지역 은어이고, '흑저구'는 태백지역 은어이다.

⑤ 한국방언학회(1975:134)를 보면 小倉進平이 분류해 놓은 것을 그대로 인용하였는데 '노갱이'는 중국어 기원으로 제시하였다. 연호탁(1992:86)은 '노갱이'를 한자어 '조(鳥, nogɐŋi)'의 차용어로 보았다. 반면 배도식(1981:264)은 '노갱이'를 만주어 '노아(老雅)'의 음전에서 유래한 것으로 본다. 한편 최범훈(1983:119)은 '노갱이'가 중국어 '노아(老雅, 老鴉)『역어유해』를 차용한 것으로 보고, '흑저구'는 까마귀의 털빛이 검은 특징을 들어 표현한 어휘로 본다. 이상의 연구들을 참조할 때, 중국어 기원설이 가장 타당한 것으로 보인다. 우선 그 표현음이 비슷한 것이 결정적인 이유이다.

10) 노승 / 서산 / 송쿠

① 심마니들의 은어로 '쥐[鼠]'를 이르는 말.

② 평북 심마니말로 '노승'이 있으며, 평북 방언에 '송쿠'가 있다.

③ 서산이 / 소소니 / 송쿠(산삼협회), 서산이(심마니협회)

④ '노승'과 '송쿠'는 낭림지역 은어이고 '서산'은 태백지역 은어이다.

⑤ 한국방언학회(1975:134)를 보면 小倉進平이 분류해 놓은 것을 그대로 인용하였는데 '송쿠'는 만주어 기원으로 제시하였다. 연호탁(1992:87)은 '송쿠'를 만주어 'singgeri(鼠)'의 차용어라 하였다. '송쿠'는 기존의 연구를 존중해 만주어에서 기원한 것으로 보이며, '서산이'는 한자어 '서(鼠)'에 접미사 '-산이'가 결합한 경우이다.

11) 당혜 / 진대마니 / 딱가지

① 심마니들의 은어로 '뱀'을 이르는 말.
② 평북 심마니말로 '긴댕이, 당혜' 등이 있다.
③ 진대마니(산삼협회), 진대마니(심마니협회)
④ '당혜'와 '딱가지'는 낭림지역 은어이고, '진대마니, 진대'는 태백지역 은어이다.
⑤ 한국방언학회(1975:134)를 보면 小倉進平이 분류해 놓은 것을 그대로 인용하였는데 '긴당이'는 국어를 비유적으로 표현한 것으로 제시하였다. 연호탁(1992:83-86)은 '진대'가 완곡어로 표현된 경우로 보았을 뿐만 아니라, 의태어적인 비유어로 제시하였다. 연호탁의 주장처럼 '진대'는 완곡어의 가능성이 높으며, '긴댕이'는 '길다'의 관형형 '긴'에 명사화 접미사 '-댕이'의 결합이다.

12) 구레미 / 대추니 / 도루발이 / 도리바리 / 왕눈이(王--) / 산개(山-) / 산주인(山主人) / 취도 / 코짤맹이

① 심마니들의 은어로 '호랑이'를 이르는 말.

③ 산개 / 눈큰마니 / 눈큰놈 / 산주인(산삼협회), 산개(심마니협회)

④ '도루발이, 도리바리, 산주인'은 낭림지역 은어이고, '구레미, 산개, 눈큰놈, 왕눈이, 코짤맹이'는 태백지역 은어이다.

⑤ 한국방언학회(1975:134)를 보면 小倉進平이 분류해 놓은 것을 그대로 인용하였는데 '산주인'은 국어를 비유적으로 표현한 것으로 제시하였다. '산주인'은 두려운 대상인 호랑이를 완곡어법에 의해 표현한 경우이다. 연호탁(1992:86)은 '눈큰놈'을 의태어적인 비유어로 제시하였다. 참고로 몽골 어에 '호랑이'는 'bar'인데, '-바리 / 발이'는 이와 연관이 없어 보인다. 이들은 단지 아래의 최범훈의 주장처럼 '발'에서 유래하였거나, 아무 뜻없는 명사형 접미사일 가능성이 높다.

한편 최범훈(1983:118)에서 '두루바리'는 호랑이가 발이 빨라 일야(一夜)면 수백리를 두루 다닌다는 뜻에서 온 것으로 추정하였고, '코짤맹이'는 '코가 짧다(鼻短)'에서 온 것으로 보았다. '산주인'은 두려운 존재에 대해 금기어를 사용하는 현상에서 비롯된 것으로, 일반인들이 '호랑이'를 '산신령'이라 표현하는 것과 일맥상통한다.

13) 썩캐

① 심마니들의 은어로 '노랑가슴담비'를 이르는 말.

④ 낭림지역 은어이다. 최범훈(1983:118)은 이 은어가 태백지역에는 나타나지 않는다고 하였다.

⑤ 이기문(1991:208)은 小倉進平(1930)이 한남(혜산과 풍산)의 심마니말에

서 확인한 말 중 만주어 기원의 'seke(貂)'와 연관이 있다고 본 것
은 주목할 만하다고 보았다. 연호탁(1992:87)도 '쪽캐'를 만주어 'se-
ke(貂)'의 차용어로 보았다. 이상의 연구를 참조할 때, 만주어 기
원의 가능성이 높다.

14) 에러 / 예리

① 심마니들의 은어로 '물고기'를 이르는 말.
② 평북 심마니말은 '버슷시리'이다.
③ 낭림지역 은어이다.
⑤ 그 기원을 알 수 없다.

15) 누룽이 / 우워치 / 웅어지 / 웅지 / 웅치

① 심마니들의 은어로 '쇠[牛]'를 이르는 말.
② 평북 심마니말로 '누룽이, 웅지, 웅치' 등이 있다. 태백지역 은어
　　는 '웅어지'이다.
④ '누룽이, 웅치, 우워치'는 낭림지역 은어이고, '웅어지, 웅지'는 태
　　백지역 은어이다.
⑤ 배도식(1981:263)은 '누룽이'가 송아지의 색깔이 '누르다(黃)'는 의미
　　에서 생긴 말로 보았다. 그 어휘는 그렇다손 치더라도, 나머지 '웅
　　지' 계열들은 의성어를 본뜨는 데서 유래한 것으로 보인다.

16) 준밀이

① 심마니들의 은어로 '멧돼지'를 이르는 말.

② 평북 심마니말로 '산중미리'가 있다.

④ 낭림지역 은어이다.

⑤ 돼지를 '중미리'라고 하는데, '준밀이'는 '중미리'와 같은 표현으로 한자 '중(重)'과 명사화 접미사 '-미리'의 결합에서 유래한 것으로 보인다. '-미리'는 특히 물고기 이름에서 많이 나타나는데, '공미리, 눈동미리, 동미리, 미리, 양미리' 등이 있다.

17) 퉁너불개

① 심마니들의 은어로 '꿩'을 이르는 말.

④ 낭림지역 은어이다.

⑤ 그 기원을 알 수 없다.

18) 마당너구리 / 공공이

① 심마니들의 은어로 '개'를 이르는 말.

③ 마당너구리 / 공공이(산삼협회), 마당너구리(심마니협회)

④ '마당너구리'는 태백지역 은어이고, '공공이'는 낭림지역 은어이다.

⑤ 배도식(1981:263)은 개가 '공공'하고 짖는 데서 생긴 말로 보았다. '마당너구리'는 개에 대한 또 다른 표현이고, '공공이'는 짖는 소리에서 유래한 것이다.

19) 쿨쿨리 / 쿨쿨이 / 중미리

① 심마니들의 은어로 '돼지'를 이르는 말.

③ 쿨쿨리 / 중미리(산삼협회), 쿨쿨이 중머리(심마니협회)

④ ‘쿨쿨리 / 쿨쿨이’는 태백지역 은어이고, ‘중미리’는 낭림지역 은어이다.

⑤ ‘쿨쿨리 / 쿨쿨이’는 우는 소리에서 유래한 것이다.

20) **껑청마니 / 장신이**

① 심마니들의 은어로 ‘노루’를 이르는 말.

③ 껑청마니 / 장신이(산삼협회)

④ 낭림지역 은어이다.

⑤ 의태어 ‘껑청’에 ‘-마니’라는 접미사가 결합한 형태이고, ‘장신이’
   는 한자 長에 ‘-신이’라는 접미사가 결합한 형태이다.

7. 기구

1) 감잡이 / 안거리

① 심마니들의 은어로 ‘낫’을 이르는 말.

② 평북과 함경도 방언에 ‘안거리’가 있다.

③ 감재비(산삼협회)

④ ‘감잡이’는 태백지역 은어이고, ‘안거리’는 낭림지역 은어이다.

⑤ 배도식(1981:265)은 ‘감잡이’를 이숭녕(1957)[26]의 내용을 인용하여 심
   메꾼이 ‘감아잡는다’는 뜻에서 비롯된 말로 보았다. 최범훈(1983:112)

---

26) 이숭녕(1957)은 ‘「은어고(隱語考)」, 일석 이희승송수기념논총’을 일컫는다.

은 '감잡이'는 '감(捲)＋잡(執)＋이'로, '안거리'는 '안(內)＋걸(挂)＋이'로
형태소를 분석하였다. 최범훈의 주장이 설득력 있다.

2) 곱장쇠 / 꼽쟁이 / 연대깍쟁이(煙臺---)

① 심마니들의 은어로 '담뱃대'를 이르는 말.

② 평북 심마니말로 '깍쟁이 / 꼽댕이'가 있다.

④ '연대깍쟁이'는 낭림지역 은어이고, '곱장쇠, 꼽쟁이'는 낭림지역
과 태백지역 모두에 통용되는 은어이다.

⑤ 경상, 전남, 충청, 함경 방언은 '꽂다'를 '꼽다'라고 한다. 그 어간
'꼽-'에 명사형 접미사 '-쟁이'가 결합한 것으로 보인다. 즉, 손가락
에 꼽아 피우는 데서 유래한 것으로 보인다.

3) 까바리

① 심마니들의 은어로 '밥그릇' 또는 '깡통'을 이르는 말.

② 황해도 방언에 '바리'라는 방언이 있다.

⑤ '바리' 자체가 '놋쇠로 만든 여자의 밥그릇'이라는 뜻이 있지만 여
기에 '까-'를 접두하여 은어화한 것으로 보인다.

4) 농 / 농이

① 심마니들의 은어로 '시루[甑]'를 이르는 말.

④ 낭림지역 은어이다.

⑤ 그 기원을 알 수 없다.

5) 다락시리 / 뒤내기깐 / 드내기깐 / 디락시니

① 심마니들의 은어로 '뒷간'을 이르는 말.

② 평북 심마니말로 '다락시리 / 드내깃간', 평북 자성의 심마니말로 '드낙시리', 평북 위원의 심마니말로 '드낙쓰질간' 등이 있다. 최범훈(1983:122)에는 태백지역 은어로 '진재간'을 제시하였다.

④ 모두 낭림지역 은어이다. '진재깐'은 태백지역 은어이다.

⑤ '다락시리'나 '디락시니'는 '디대[溺]'와 명사형 접미사 '-시리'의 결합형에서 유래한 것이며, '뒤내기깐'이나 '드내기깐'은 뒷간 구조물 자체를 뒤에 내어 짓는다는 뜻이거나 인분이 뒤를 통해 내기(배출되기) 때문에 유래된 것으로 보인다.

6) 도자

① 심마니들의 은어로 '칼', '식칼'을 이르는 말.

② 평북 심마니말로 '도자'가 있다.

③ 도자(산삼협회), 도자(심마니협회)

④ 낭림지역과 태백지역에서 모두 통용되는 은어이다.

⑤ 한국방언학회(1975:134)를 보면 小倉進平이 분류해 놓은 것을 그대로 인용하였는데 '도자(小刀)'는 중국어 기원으로 제시하였다. 연호탁(1992:86)은 '도자'를 한자어 '小刀(todʒa)'의 차용어로 보았다. 최범훈(1983:105)은 '도자'가 한자어 刀子에서 온 것으로 보았다. 결국 '도자'는 중국어 기원일 가능성이 높다.

7) 동년 / 동녕은 / 동녕이 / 동연 / 동영이 / 모돔 / 모듬 / 어깨 / 어게

① 심마니들의 은어로 '산막(山幕)'을 이르는 말.

③ 모둠(산삼협회)

④ '동년, 동녕은, 동녕이, 동연, 동영이'는 낭림지역 은어이고, '모돔, 모듬'은 태백지역 은어이다.

⑤ '동년, 동녕은, 동녕이, 동연, 동영이'은 한자어 '同寧'에서 온 듯하나 확실하지는 않다. '모돔, 모듬'은 '모으다'의 방언 '모두다'에서 그 명사형을 취해 은어로 삼은 경우로 보인다.

8) 우렝이

① 심마니들의 말로, '두가리[27]'를 이르는 말.

③ 우렁이(산삼협회)

④ 태백지역 은어이다.

⑤ 모양이 '우렁이' 모양에서 유래한 것이 아닌가 하나 확실하지는 않다.

9) 디대 / 디디미

① 심마니들의 은어로 '신발'을 이르는 말.

② 평북의 방언에 '디디미'가 있다.

③ 설피(산삼협회)

④ '디대, 디디미'는 낭림지역 은어이고, '디딤이, 디딘이, 설피'는 태

---

27) 나무로 만든 식기 또는 뚝배기

백지역 은어이다.

⑤ '디대'는 '디디다'의 어근 '디-'에 명사화 접미사 '-대'가, '디디미'는 '디디다'의 어간 '디디-'에 명사화 접미사 '-미'가 결합한 형태이다.

10) 마대 / 마아대

① 심마니들의 은어로 '막대기', '지팡이'를 이르는 말.
② '몽둥이'를 함남 북청에서 '망대'라 하며, '지팡이'를 평북 심마니 말로 '마대 / 마대시리'라 한다.
③ 마대(산삼협회)
④ 낭림지역과 태백지역에서 모두 통용되는 은어이다.
⑤ 한국방언학회(1975:134)를 보면 小倉進平이 분류해 놓은 것을 그대로 인용하였는데 '마대시리'는 국어를 비유적으로 표현한 것으로 제시하였다. 배도식(1981:261)은 '마대'가 節의 훈인 '마디'에서 온 것으로 본다. '마대'는 '막대'에서 'ㄱ'이 탈락한 경우로 은어를 삼았거나, 배도식의 주장처럼 '마디'에서 유래했을 가능성이 높다.

11) 형제무투(兄弟--)[28] / 성제무두 / 메 /산재 / 산재까치 / 오림대 / 젓가래

① 심마니들의 은어로 '젓가락'을 이르는 말.
② 평북 심마니말로 '형데무투'가 있고, 평북 창성 방언으로 '제가치', 평안도와 함경도 그리고 강원도 일부 방언으로 '젯가치'가 있다.
③ 산재(산삼협회)

---

28) 국립국어원(1999)의 『표준국어대사전』에는 '형제무루'라 하였는데, 이는 '형제무투'를 잘못 표기한 것으로 보인다.

④ '형제무투, 성제무두'는 낭림지역 은어이고, '산재, 산재까치'는 태
백지역 은어이다.

⑤ 한국방언학회(1975:134)를 보면 小倉進平이 분류해 놓은 것을 그대
로 인용하였는데 '형데무투'는 국어를 비유적으로 표현한 것으로
제시하였다. '오림대'의 경우는 완곡어법에 의해 형성된 은어로,
'올리다'의 명사형 '올림'에 접미사 '-대'가 결합한 경우이다. '형제
무투'는 '兄弟'라는 한자어와 '무투(木)'의 합성어이다. '산재'에 대
해 최범훈(1983:112)은 '算-가지(枝)'의 변천으로 보았다.

12) 딸 / 양히

① 심마니들의 은어로 '성냥'을 이르는 말.
② 평북 방언에 '양히'가 있고, 함남 삼수 지역 방언으로 '양화'가 있다.
③ 호련(산삼협회)
④ '양히, 양화'는 낭림지역 은어이고, '딸'은 태백지역 은어이다.
⑤ 연호탁(1992:83)은 기밀유지를 위해 만들어진 비밀어로 '딸'을 제
시하였다. 최범훈(1983:105)은 '양화'가 한자어 '洋火'에서 온 것으
로 본다. 한편 '양희'는 한자어 '洋火'에서 유래하였거나, 또 다른
한자어 '洋熙'에서 왔을 가능성도 있다. 그러나 '딸'은 그 기원을
알 수 없으나, 연호탁의 주장을 참조할 때, 신성한 산에서 성냥
을 사용하는 것은 금기시할 필요가 있어 그에 대한 비밀을 유지
하기 위한 은어로 볼 수도 있다.

13) 살푸 / 올림대

① 심마니들의 말로 '숟가락'을 이르는 말.

③ 올림대(산삼협회)

④ '살푸'는 낭림지역 은어이고, '올림대'는 태백지역 은어이다.

⑤ 이기문(1991:208)은 小倉進平(1929)이 '살피(숟가락)'를 만주어 'saifi(匙)'
  에서 왔다고 한 것에 대해 선뜻 동의하기 어려운 이유로 '살피'
  의 'ㄹ'을 무시한 것을 내세웠고, 자신은 중세국어의 '삷(鍤)'에 주
  목하여 이의 방언형 '살피'에서 은어가 되었을 가능성을 제시하
  였다. 이 단어는 이기문(1991:208)의 의견처럼 현대어 '살포(논을 트
  거나 막을 때 쓰는 삽)'와 연관이 있는 것으로 보인다. 한국방언학
  회(1975:134)를 보면, 小倉進平이 분류해 놓은 것을 그대로 인용하
  였는데 '살푸'를 만주어 기원으로 제시하였다. 연호탁(1992:87)도
  '살피'를 만주어 'saifi(匙)'의 차용어라 하였다.
  　한편 '올림대'는 밥을 떠서 '올리다'의 명사형 '올림'에 기구를
  뜻하는 집미사 '-대'의 결합이다.

14) 너추리 / 넌추리 / 논추리 / 우게비 / 우묵이

① 심마니들의 말로 '바가지'를 이르는 말.

③ 우묵이(산삼협회)

④ '너추리, 넌추리, 논추리'는 태백지역 은어이고, '우게비, 우묵이'
  는 낭림지역 은어이다.

⑤ 연호탁(1992:83)은 기밀유지를 위해 만들어진 비밀어로 '넌추리'를
  제시하였다. 배도식(1981:263)은 '우묵이'가 모양이 '우묵하게' 들어

갔다는 데서 유래한 말로 본다. '넌추리'류는 그 기원을 알 수 없고, '우묵이'는 우묵한 모양에서 유래한 의태어적 표현이다.

15) 우검이 / 우묵시레

① 심마니들의 말로 '식기(食器)'를 이르는 말.

④ 모두 낭림지역 은어이다.

⑤ 배도식(1981:263)은 '우검이'가 밥그릇이 '우그러지다(만곡)'의 뜻에서 생긴 말로 보았다. '우묵시레'는 우묵하다의 어간 '우묵'에 명사형 접미사 '-시리'의 이형태 '-시레'가 붙어, '바가지'의 은어 '우묵이'와의 차이를 둔 것으로 보인다.

16) 젓자래

① 심마니들의 은어로 '젓나무'를 이르는 말.

⑤ '자래'가 은어로 나무를 뜻하니 '젓자래'는 당연 '젓나무'이다.

17) 정재실이

① 심마니들의 은어로 '부엌'을 이르는 말.

② 전라도, 평남의 평원, 경북 방언에 '정재'가 있으며, 평북 심마니 말로 '정짓간'이 있다.

④ 낭림지역 은어이다.

⑤ '정재실이'는 부엌의 방언 '정재'에 명사화 접미사 '-실이(시리)'의 결합이다.

18) 진잿간(--間)

① 심마니들의 은어로 '변소'를 이르는 말.

② 평북 선천 지역의 방언에 '재깐'이 있다.

④ '재깐'은 낭림지역 은어이고, '진잿간'은 태백지역 은어이다.

⑤ '재깐'은 한자어 '滓間'에서 유래한 것으로 보이며, '진잿간'은 여기
   에 한자 '眞'이 접두한 형태이다.

19) 메대기 / 주루목 / 태기망태

① 심마니들의 은어로 '산삼을 넣는 망태기'를 이르는 말.

③ 주루묵 / 태기짓 / 태기 / 주루망 / 봉생이 / 수제비(산삼협회)

④ '주룩묵'은 태백지역 은어이다.

⑤ '태기망태'는 치환작용에 의한 것이며, '메대기'는 산의 고어 '메'
   에 '태기'의 이형태 '대기'의 결합으로 보인다.

20) 진오리

① 심마니들의 은어로 '허리띠'를 이르는 말.

② 평북 심마니말로 '지노리'가 있다.

④ 낭림지역 은어이다.

⑤ 그 기원을 알 수 없다.

21) 툭툭이

① 심마니들의 은어로 '총(銃)'을 이르는 말.

④ 낭림지역 은어이다.

⑤ '툭툭이'는 의성어에서 유래한 경우이다.

22) 반짐이

① 심마니들의 은어로 '새옹[29]'을 이르는 말.

② 평북 방언에 '쇠용'이 있다.

③ 새용(산삼협회), 새용(심마니협회)

⑤ 최범훈(1983:113)은 '새용'이 '새(〈쇠(鐵)+옹(〈옹기(甕器)〉'의 변천으로 본다. '새용'은 '쇠옹'의 한자어 '鐵甕'을 훈독, 음독 등의 형식으로 표현한 것이며, '반짐이'는 짐을 반 가량 넣는 용기를 뜻하는 데서 유래한 것으로 보인다.

23) 갈매

① 심마니들의 은어로 '도끼'를 이르는 말.

③ 갈매(산삼협회)

④ 태백지역 은어이다.

⑤ '갈다(研磨하다)'의 어간 '갈-'에 명사화 접미사 '-매'의 결합으로 보인다.

---

29) 놋쇠로 만든 작은 솥

8. 음식

1) 감사

① 심마니들의 은어로 '고추장'을 이르는 말.

④ 태백지역 은어이다.

⑤ 그 기원을 알 수 없다.

2) 곰소 / 백사(白-)

① 심마니들의 은어로 '소금'을 이르는 말.

② 평북 방언에 '곰소'가 있다.

③ 백사 / 곰소 / 색색이(산삼협회), 백사(심마니협회)

④ '곰소, 백사, 색색이'는 낭림지역 은어이다. '백사'는 태백지역 은
어이기도 하다.

⑤ 한국방언학회(1975:134)를 보면 小倉進平이 분류해 놓은 깃을 그대
로 인용하였는데 '곰소'는 음환치(音換置)에 의한 것으로 제시하였
다. 연호탁(1992:81)도 '곰소'는 '소곰[鹽]'의 치환작용(置換作用)에 의
해 형성된 은어로 보았다. '백사'는 한자어 '白沙'에서 비롯된 것
으로 보인다. 한편 최범훈(1983:105)은 '백사'가 한자어 '白砂'에서
온 것으로 본다.

3) 질 / 흑실

① 심마니들의 은어로 '간장'을 이르는 말.

② 평북 강계지역 심마니말로 '청시리 / 청장'이 있다.

③ '된장'을 '질'(산삼협회), '된장'을 '질'(심마니협회)

④ '흑실'은 낭림지역 은어이고, '질'은 태백지역 은어이다.

⑤ 한국방언학회(1975:134)를 보면 小倉進平이 분류해 놓은 것을 그대로 인용하였는데 '청장'은 중국어 기원으로 제시하였다. 배도식(1981:264)은 '청장'이 중국어 '淸醬'에서 온 것으로 본다.

한편 '흑실'은 검은 빛을 뜻하는 '黑'에 명사화 접미사 '-시리'의 이형태 '-실'이 결합한 것으로 보인다.

4) 양덕초(陽德草) / 용추 / 연추

① 심마니들의 은어로 '담배'를 이르는 말.

③ 연초 / 연대(산삼협회)

④ '연추'는 낭림지역 은어이다.

⑤ '양덕초'는 한자어 '陽德草'에서, '연초 / 연추'는 한자어 '煙草'에서 유래한 것이다.

5) 양연

① 심마니들의 은어로 '궐련'을 이르는 말.

② 평북 심마니말로 '담배'를 '양연'이라 한다.

⑤ 배도식(1981:264)은 중국어 '洋煙'에서 나온 말로 본다. 한자어 '洋煙'에서 온 것으로 보인다.

6) 더너구

① 심마니들의 은어로 '빈대떡'을 이르는 말.

④ 낭림지역 은어이다.

⑤ '떡'의 은어가 '시더구'인 것을 보면 '-구'가 만주어에서 유래할 가
능성이 있으나 확인할 수는 없다.

7) 마주보기 / 아랑주(--酒) / 어르광이 / 어리광이 / 흘림이

① 심마니들의 은어로 '술'을 이르는 말.

② 평북 심마니말로 '마주보기, 아랑주, 어리광이' 등이 있다.

③ 흘림(산삼협회), 흘림(심마니협회)

④ '아랑주, 어르광이, 어리광이'는 낭림지역 은어이고, '흘림이'는 태
백지역 은어이다.

⑤ 한국방언학회(1975:134)를 보면 小倉進平이 분류해 놓은 것을 그대
로 인용하였는데 '아랑주'는 만주어 기원으로 제시하였다. 연호탁
(1992:86)은 '흘림이'를 의태어적인 비유어로 제시하였다. 또 연호
탁(1992:87)은 '아랑주'를 만주어 'arü(燒酒)'의 차용어라 하였다. 최
범훈(1983:106)은 만주어 'arki'에서 유래한 것으로 본다.

기존의 연구를 참조할 때 '아랑주'는 만주어 'arki'에서, '흘림이'
는 의태어로 표현하면서 생겨난 은어들이다.

8) 우케 / 우크미 / 욱키 / 우끼미 / 수음 / 숨

① 심마니들의 은어로 '물'을 이르는 말.

③ 수음(산삼협회), 수음(심마니협회)

④ '우케, 우크미, 욱키, 우끼미'는 낭림지역 은어이고, '수음, 숨'은 태백지역 은어이다.

⑤ 이기문(1991:208)은 '우케'가 물을 의미하는 것으로 만주어의 'mu-ke(水)'에서 왔다고 한 小倉進平(1929)은 아주 엉성궂지는 않지만 어두 자음이 없는 점이 마음에 걸린다고 보았다. 한국방언학회(1975:134)를 보면 小倉進平이 분류해 놓은 것을 그대로 인용하였는데 '우케'는 만주어 기원으로 제시하였다. 연호탁(1992:87)도 '우케'를 만주어 'muke(水)'의 차용어라 하였다.

　이상의 연구를 참조할 때 '우케'류 은어는 만주어 'muke(水)'에서 유래했을 가능성이 높고, '수음'류 은어는 '水㕰'에서—'㕰'은 말음 표기의 무의미한 음차(音借)— 왔을 가능성이 높다.

9) 아랑즈이 / 아르광이

① 심마니들의 은어로 '소주(燒酒)'를 이르는 말.

④ 모두 낭림지역 은어이다.

⑤ 증류수를 뜻하는 말로 아라비아 어 '아락(Arag)', 만주어 '아얼키(亞兒吉)', 몽골 어 '아라키(亞利吉)' 등이 있는데, 이와 연관이 있다.

10) 중거리(中--)

① 심마니들의 은어로 '점심'을 이르는 말.

② 평북 방언에 '둥거리'라 하기도 한다.

④ 태백지역 은어이다.

⑤ '중거리'는 끼니 때의 중간이란 뜻의 '중(中)'과 명사 '거리'가 결합
한 복합어이다.

11) 모래미

① 심마니들의 은어로 '쌀'이나 '좁쌀'을 이르는 말.
② 평북 방언에 '좁쌀'을 일컫는 것으로 '쇠모래미', '쌀'을 일컫는 말
에 '모래미'가 있다.
③ '쌀'을 모래미 / 모시래 / 모새 / 우성미 / 왕대물앰이 / 왕모래미(산삼
협회), 모래미(심마니협회)
④ 태백지역 은어이다.
⑤ 한국방언학회(1975:134)를 보면 小倉進平이 분류해 놓은 것을 그대
로 인용하였는데 '모레미'는 만주어 기원으로 제시하였다. 연호
탁(1992:87)은 '모래미'를 만주어 'bele(米)'의 차용어라 하였다. 배도
식(1981:262)은 '모래미'를 인간의 것을 비하해서 쌀을 모래에 비
유한 '모래'와 명사를 만드는 접미사 '-미'의 결합으로 본다. 배도
식의 주장이 타당한 것으로 보인다.

12) 모새 / 왕

① 심마니들의 은어로 '쌀'을 이르는 말.
④ '모새'는 태백지역 은어이고, '왕'은 낭림지역 은어이다.

13) 잔모래미

① 심마니들의 은어로 '좁쌀'을 이르는 말.

④ 태백지역 은어이다.

⑤ 쌀을 뜻하는 은어 '모래미'에 '잘다'의 의미의 접두사 '잔-'이 붙은
　경우이다.

14) 무리니 / 무리미 / 무림

① 심마니들의 은어로 '밥'을 이르는 말.

② 평북 심마니말에 '모래미'가 있다.

③ 무루미(산삼협회), 무루미(심마니협회)

④ '무리니, 무리미, 무림'은 태백지역 은어이다.

⑤ '모래미'로 지은 음식물을 일컫는 것으로 '쌀'의 은어와 비슷한 형
　태를 지니고 있다.

15) 버스스리 / 버쓰시리

① 심마니들의 은어로 '고기'를 이르는 말.

② 평북 강계 지역 심마니말에 '버슷시리'가 있다.

④ '버스스리, 버쓰시리'는 낭림지역 은어이다.

⑤ 최범훈(1983:111)은 '버슷(肉)'이 만주어로는 보이나 확인되지 않는
　것이라 하였다. '버슷'은 고문헌에 '栮버슷싀 –『훈몽자회 상』, 7쪽
　/ 菌버슷 균 –『신증유합 상』, 11쪽 / 여러 가짓 버슷 먹고 毒 마즈
　닐 고튜디 –『구급간이방 하』 48쪽'처럼 '버섯'의 고어였다. 심마니
　들은 고기를 먹으면 부정(不淨)을 타거나 산삼에 대한 신성성이
　모독될 것이라 생각하여 고기와 비슷한 질감을 지닌 '버섯'으로

고기를 대신해 표현하고 여기에 명사화 접미사 '-시리'가 연결된
경우이다.

16) 훌누면(--麵) / 새루갱이 / 새리괭이 / 새리왕이

① 심마니들의 은어로 '국수'를 이르는 말.
② 평북 강계 지역의 심마니말에 '훌루멘' 또는 '새리괭이'가 있다.
④ 모두 낭림지역 은어이다.
⑤ 연호탁(1992:86)은 '훌루멘'을 의성어적인 비유어로 제시하였다. '훌
　누면'은 '흘리다'의 방언형 '훌누'에 한자어 '면(麵)'의 결합으로 보
　인다.

17) 왕대멀기

① 심마니들의 은어로 '쌀밥'을 이르는 말.
④ 낭림지역 은어이다.
⑤ '왕'은 쌀의 은어이고, 나머지는 그 기원을 알 수 없다.

18) 소모래미

① 심마니들의 은어로 '조밥'을 이르는 말.
② 평북 방언에 '좁쌀'을 일컫는 것으로 '쇠모래미'가 있다.
④ '소모래미'는 낭림지역 은어이다.
⑤ '소모래미'는 한자 '小'에 쌀을 뜻하는 은어 '모래미'의 결합이다.

19) 숫스리 / 중미리 버슷스리

① 심마니들의 은어로 '멧돼지 고기'를 이르는 말.

② 평북 심마니말 '중미리 버슷시리'는 '돼지고기'를 일컫는다.

④ '숫스리, 중미리 버슷스리'는 낭림지역 은어이다.

⑤ '중미리 버슷시리'는 돼지의 은어 '중미리'에 고기의 은어 '버슷시
리'의 결합이다. '숫시리'는 이를 간략하게 표현한 약어(略語)이다.

20) 웅치 버슷스리

① 심마니들의 은어로 '쇠고기'를 이르는 말.

⑤ 소를 뜻하는 은어 '웅치'에 고기의 은어 '버슷시리'가 결합한 복합
어이다.

21) 폄

① 심마니들의 은어로 '떡'을 이르는 말.

② 평북 심마니말에 '시더구 / 시더귀', 강원 심마니말에 '시더기', 함
남 심마니말에 '시덕'이 있다.

④ 태백지역 은어이다.

⑤ '폄'은 쌀을 고루 펴서 찐 음식이란 의미에서 유래한 것으로 보
인다.

9. 의복

1) 우저위

① 심마니들의 은어로 '유삼(油衫)'을 이르던 말.
⑤ '우저위'에서 '우'는 '油'에서, '저위'는 한자어 '紵衣'에서 유래한 것
  이 아닌가 한다.

2) 고우

① 심마니들의 은어로 '고의'를 이르는 말.
② 평남 대부분 지역과 평북 후창 지역 방언으로 '둥에'가 있고, 평
  북 방언으로 '둥에적삼'이 있다.
④ 태백지역 은어이다.
⑤ '고우'는 '고의(袴衣)'를 은어화하여 표현한 경우이다.

3) 굴개피 / 굴걱치 / 굴겁사리

① 심마니들의 은어로 '옷'을 이르는 말.
⑤ 기밀유지를 위해 만들어진 비밀어로 쓰인 경우이다. 배도식(19
  81:265)은 '굴거피'에 대해 전나무의 껍질을 굴거피(평안도)라 하는
  데 사람이 입는 의복을 여기에 비유하여 만들어진 말로 본다.

4) 넙데기

① 심마니들의 은어로 '수건'을 이르는 말.

④ 태백지역 은어이다.

⑤ 연호탁(1992:86)은 '넙데기'를 의태어적인 비유어로 제시하였다. 수
   건의 넙적함을 뜻하는 '넙-'에 그와 관련된 일을 하거나 그런 성
   질을 가진 것'의 뜻을 더하는 명사화 접미사 '-데기'의 결합이다.

5) 더구레

① 심마니들의 은어로 '저고리'를 이르는 말.

② 평북 심마니말에 '더그레'가 있으며, 함북 방언에는 '뎌고리 / 져고
   리'가 있다.

③ 더구레(산삼협회)

④ 낭림지역과 태백지역 은어이다.

⑤ '더그레(袍子)'는 이기문(1991:167)에 따르면 몽골 어이다. 연호탁(1992:
   86)도 '더그레'를 몽골 어 degelei(저고리, 고의)의 차용어로 보았다. 기
   존의 연구처럼 몽골 어에서 유래했을 가능성이 높으며, '저고리'의
   구개음화 이전 단계가 그대로 계승되어 왔을 가능성도 있다.

6) 바징쿠

① 심마니들의 은어로 '가랑이가 좁은 고의'를 이르는 말.

⑤ 그 기원을 알 수 없으나 만주어에서 기원하지 않았을까 한다.

7) 불겁듸

① 심마니들의 은어로 '의복'을 이르는 말.

② 평북 자성과 위원 지역 심마니말로 '굴걱지'가 있고, 평북 심마니
  말로 '굴걸피'가 있으며, 평북 후창 지역 심마니말로 '굴겁시리'가
  있다.
⑤ 그 기원을 알 수 없다.

8) 우대손이

① 심마니들의 은어로 '갓'을 이르는 말.
⑤ 그 기원을 알 수 없다.

9) 추잡이 / 추제비

① 심마니들의 은어로 '바지나 고의 따위의 하의(下衣)'를 이르는 말.
③ '바지'를 '주제비'(산삼협회)
⑤ '추잡이'는 의미 불명의 '추'에 명사화 접미사 '-잡이'의 결합으로
  보인다. 물론 '추제비 / 추재비'는 '추잡이'의 움라우트 현상에서
  비롯된 것이다.

10. 시간

1) 낼나라

① 심마니들의 은어로 '내일'을 이르는 말.
④ 태백지역 은어이다.

⑤ ‘낼나라’에서 의미부는 ‘낼’이다. 이것으로도 ‘明日’의 의미는 확실하다. 그러나 ‘나라’를 붙임으로써 내일이라는 시간적 상황이나 상태를 비유적으로 이르게 된다. 따라서 ‘낼나라’로 표현한 것이다. 일상어에서도 이러한 현상은 흔히 있는데 ‘까막나라, 꿈나라, 별나라, 잠나라’ 등이 그것이다.

2) 낼날

① 심마니들의 은어로 ‘매일’을 이르는 말.
② 평안도 방언에 ‘내린날’이 있다.

3) 단절(丹節)

① 심마니들의 은어로 ‘중복 무렵 삼의 꽃이나 열매가 빨갛게 익는 철’을 이르는 말.
⑤ ‘단절’은 열매가 빨갛게 익는 계절이라는 뜻에서 유래한 것으로 보인다.

4) 오날나라

① 심마니들의 은어로 ‘오늘’을 이르는 말.
④ 태백지역 은어이다.
⑤ ‘낼나라’의 경우와 마찬가지로 ‘나라’를 붙임으로써 오늘이라는 시간적 상황이나 상태를 비유적으로 이르게 된다. 따라서 ‘오날나라’로 표현한 것이다. 물론 ‘오늘’의 고어는 ‘오늘’이다.

5) 황절(黃節)

① 심마니들의 은어로 '초가을부터 서리가 내릴 때까지'를 이르는 말.

⑤ '황절'은 백곡이 누런 빛을 띠는 계절이라는 뜻에서 유래한 것으로 보인다.

6) 한삼

① 심마니들의 은어로 '산삼 채취의 한 행보'를 이르는 말.

④ 태백지역 은어이다.

⑤ '한삼'은 한 행보의 삼 채취를 뜻하는 말에서 유래하지 않았나 한다.

7) 야심

① 심마니들의 은어로 '밤[夜]'을 이르는 말.

④ 태백지역 은어이다.

⑤ 일상어에서도 '밤'은 밤이 깊다는 뜻으로 '야심'을 쓰는데 심마니 은어에서는 일반적인 '밤'의 통칭으로 사용하고 있다. 따라서 의미 영역이 좀 다르다.

11. 서술어

1) 노랑지다

① 심마니들의 은어로 '나쁘다 / 싫다 / 아프다 / 험하다'를 이르는 말

(평북).

② 평북 방언에 '아프다' 또는 '험하다'를 '노랑지다'라 한다.

⑤ 배도식(1981:262)은 '노랑지기'가 병이 들면 안색이 '노래진다'라는 뜻에서 생긴 말로 보았다. 배도식의 주장이 그럴 듯하다.

2) 다부리다

① 심마니들의 은어로 '먹다'를 이르는 말.

③ 다부린다(산삼협회), 다부린다(심마니협회)

④ 태백지역 은어이다.

3) 무그리다

① 심마니들의 은어로 '자다'를 이르는 말(함남).

4) 찌그리다

① 심마니들의 은어로 '움막에서 잠을 자다'를 이르는 말

② 찌그리다(산삼협회), 찌그리다(심마니협회)

5) 이리연초

① 심마니들의 은어로 '이곳에 모여 쉬자'라는 뜻으로 쓰는 말.

⑤ '이리연초'는 '이리로 와서 연초(煙草) 한 대 피우며 쉬다'라는 의미에서 생겨난 은어로 보인다.

6) 안침하다

① 심마니들의 은어로 '쉬다'를 이르는 말.
③ 안침하다(심마니협회)
④ 태백지역 은어이다.
⑤ '안침하다'는 한자어 '安寢'에 접미사 '-하다'가 붙어 형성된 경우
   이다.

7) 흘림이재다

① 심마니들의 은어로 '비가 오다'를 이르는 말.
④ 낭림지역 은어이다.
⑤ '흘림이재다'에서 '흘림이'는 비가 흘러내리는 모습을 의태어적 비
   유어로 나타낸 것이고, '재다'는 '그 모습을 헤아리다'는 뜻으로 '오
   다'를 의미한다.

8) 실른다

① 심마니들의 은어로 '(담배를) 피우다'를 이르는 말.
③ 실른다(산삼협회), 실른다(심마니협회)
④ 태백지역 은어이다.

9) 멧집짓다

① 심마니들의 은어로 산에 오르는 일을 이르는 말.
⑤ 산에 오르는 일을 '산에 집을 짓는 행위'로 빗대어 표현한 경우이

다. 신성한 산에 대한 경의를 표하는 경우로 볼 수 있다.

10) 따적나다

① 심마니들의 은어로 '무더기 산삼이 나다'를 이르는 말.

③ 따적나다(산삼협회), 띠적났다(심마니협회)

⑤ '따적나다'에서 '나다'는 '出'의 의미이겠으나, '따적'은 한자어 '多積'
　에서 온 것으로 추정된다.

11) 그실르다 / 굳는다

① 심마니들의 은어로 '죽다'를 이르는 말.

③ 그실르다 / 굳는다(심마니협회)

④ 낭림지역과 태백지역 은어이다.

⑤ '그실르다'는 짐승을 죽인 후 불에 겉만 약간 타게 하는 것을 일컫
　는 표준어 '그슬리다'에서 유래한 것으로 보이며, '굳는다'는 주검
　이 굳어지는 현상을 은어로 표현한 경우로 보인다.

12. 기타

1) 곰

① 심마니들의 은어로 '고함'을 이르는 말.

② 평북 방언으로 '감', 평남 일부 지역과 평북 강계, 함북의 여러 지

역에서 '괌'으로 표현한다.

③ 고무(산삼협회), 고무(심마니협회)

④ '곰'은 태백지역 은어이다.

⑤ '고함'이 음운 생략과 축약의 과정을 거쳐 '곰'이 된 것으로 보인다.

2) 워대

① 심마니들의 은어로 '산을 탈 때 연락 신호로 외치는 소리'를 이르는 말.

⑤ 상대를 달래거나 가만히 있으라는 연락을 취할 때 '워'라는 말을 하는데 여기에 그 소리 자체를 뜻하는 의미로 '-대'를 연결하여 형성된 은어로 보인다.

3) 망

① 심마니들의 은어로 '보다 더 큰'을 이르는 말.

③ 망(산삼협회)

⑤ 그 기원을 알 수 없다.

4) 회굽이

① 심마니들의 은어로 '집 또는 산에 마련한 임시 막사로 돌아오는 길'을 이르는 말.

⑤ 굽은 길로 돌아가는 것을 한자 '回'와 명사 '굽이'가 결합된 복합어로 표현한 것이다.

5) 어성쿠

① 심마니들의 은어로 '차림새'를 이르는 말.

② 평북 방언은 '채림새'이다.

⑤ 그 기원을 알 수 없으나 만주어에서 유래할 가능성이 있다.

6) 업치기

① 심마니들의 은어로 '인가(人家)'를 이르는 말.

7) 쩔렝이

① 심마니들의 은어로 '돈'을 이르는 말.

② 평북 심마니말로 '잘랭이'가 있다.

⑤ 연호탁(1992:86)은 '잘랭이'를 의성어적인 비유어로 제시하였다. '쩔
렝이 / 잘랭이'는 모두 의성어에서 유래한 은어이다.

8) 번

① 심마니들의 은어로 '말씀'을 이르는 말.

⑤ 그 기원을 알 수 없다.

이상에서 심마니들의 은어 182어휘를 사전적 의미, 방언의 측면, 현
재 심마니들이 사용하는 은어, 은어의 지역성, 은어의 국어학적 설명
등의 순으로 알아보았다.

심마니들의 은어를 살펴본 결과, 한자(중국어)에서 기원한 은어가 30%로 가장 많았고, 다음으로 의태어적 비유어가 24%, 만주어에서 기원한 은어가 7%, 의성어적 비유어가 5%, 색깔 표시어가 3%, 기타 범어 및 몽골어 기원어가 2% 등이었다. 이에 대해 자세히 정리하면 다음과 같다.

〈한자(중국어) 기원어〉 총 54 어휘 – 30%

고분성, 배분성, 토시리, 도시리, 선채마니, 선천마니, 천동마니, 초마니, 소개장마니, 소쟁이, 소장마니, 개장마니, 윗만, 노마니, 동자마니, 어이마니, 염적이마니, 내피, 유구 / 오지, 사구, 오구, 육구, 눅지배기, 인형삼, 와삼, 미, 봉양, 명아리, 외구, 동자심, 방초 / 오방추, 끼애기, 노갱이, 서산이, 준밀이 / 중미리, 장신이, 도자, 동년 / 동연, 양히 / 양화, 진잿간, 새옹, 백사, 양덕초, 양연, 수음, 중거리, 우저위, 고우, 단절, 황절, 이리연초, 안침하다, 따적나다, 회굽이

〈의태어적 비유어〉 총 44 어휘 – 24%

건들게, 설레, 종종이, 줄멩이 / 줄메, 홀님이, 매치미, 꽹가리, 빗치, 찌기, 살피개, 반들개, 버데기, 쥐아미 / 쥐애미, 디락시리, 기둥이, 옥비녀, 가락지, 두닢쌍대, 세닢 부치, 네잎내피, 다싯닢 젖솔배기, 딥식부리, 쓸쓸이, 일랭이, 붙좁이, 긴뎅이, 도루발이, 껑청마니, 꼽쟁이, 뒤내기깐 / 드내기간, 모돔 / 모듬, 우렝이, 디대, 오림대, 올림대, 우묵이, 우묵시레, 반짐이, 흘림이, 모래미, 홀누면, 굴개피, 넙데기, 흘림이재다

〈만주어 기원어〉 총 13 어휘 – 7%

토하리, 야사, 카쿠(?), 다알, 무두, 넘패 / 너패, 송쿠, 썩케, 살푸, 아랑주, 우케, 아랑즈이, 바징쿠우등탕, 수룽대 / 수리대, 앵아리, 웅지, 공공이, 쿨쿨이, 툭툭이, 위대, 잘랭이

〈의성어적 비유어〉 총 9 어휘 – 5%

우둥탕, 수룽대 / 수리대, 앵아리, 웅지, 공공이, 쿨쿨이, 툭툭이, 위대, 잘랭이

〈색깔 표시어〉 총 5 어휘 -3%

혜기 / 히기, 노래기, 노랑지기, 흑실, 노랑지다

〈기타 언어 기원어〉 총 3 어휘 - 2%

마니(범어), 만이(범어), 더구레(몽골 어)

〈기타어〉 총 54 어휘 - 30%

또 심마니 은어에서는 명사화 접미사가 여러 종류 나타난다. '-시리 / 실이, -기, -이'처럼 특별한 의미 없이 명사를 만드는 데 관여하는 접미사와 '-마니'처럼 '사람이나 존재물을 나타내는 의미'의 접미사가 수적으로 많이 나타났다. 이에 대해 자세히 정리하면 다음과 같다.

〈명사화 접미사〉

-시리/실이	안개시리 / 안개실이(구름, 안개), 풍시리(바람), 별시리 / 별실이(별), 토시리(흙), 도시리 / 도실이(길), 드낙시리 / 디락시리(똥), 무둑시리(무더기로 자라나는 삼), 부리시리 / 뿌리시리(산삼), 마대시리(지팡이), 버슷시리(물고기), 다락시리 / 디락시리(뒷간), 청시리(간장), 버쓰시리(고기), 중미리 버슷시리(돼지고기), 굴겁시리(의복), 정재실이(부엌)
-개	노리개(해), 반들개(별), 반들개 / 살피개 / 실피개(눈), 반들개(눈썹), 잘개 / 잠개(손), 반들개(산삼의 새싹), 퉁너불개(꿩)
-갱이	매취갱이(露), 노갱이(烏), 새루갱이 / 새리꽹이(국수)

-기	헤기 / 히기 / 히디기 / 히에기 / 히어기(雪), 노래기(해), 왁서기 / 찌기(岩, 石), 버데기(脚), 노랑지기(病), 눅지배기(여섯 가지 뻗은 삼), 외기떼기(잎이 하나 돋은 어린 산삼), 다섯닢 젖솔배기(잎이 다섯 난 산삼), 무기(모기), 넙대기(熊), 귀애기 / 기애기 / 끼애기 / 끼야기(닭), 메대기 / 태기(산삼을 넣는 망태기), 마주보기(술), 왕대멀기(쌀밥), 시더기(떡), 넙데기(수건), 업치기(人家)
-마니	마니 / 만이(사람), 선채마니 / 심메마니 / 산마니(능숙한 심마니), 선천마니(풋내기), 천동마니(풋내기 심마니), 초마니(초년생 심마니), 소개장마니(계집애), 소장마니(젊고 경험 없는 채삼꾼), 개장마니(계집), 노마니(노련한 심마니), 동자마니(사내아이), 어인마니 / 어이마니(능숙하고 경험 많은 채삼꾼), 염적이마니(경험 적고 나이 어린 채삼꾼), 넙대마니(곰), 진대마니(뱀), 눈큰마니(호랑이), 껑청마니(노루)
-이	사지쌍대밭이(四枝生 산삼), 다랭이(산삼의 초생싹), 누룽이(牛), 공공이(犬), 쿨쿨이(猪), 장신이(노루), 우묵이(바가지), 우검이(식기), 어르광이 / 어리광이 / 홀림이(술), 데팽이 / 테펭이(안개), 더펑이(구름), 홀님이(雨), 종종이(별), 먹킹이(사람), 소쟁이(아이들), 기둥이(가랑이가 둘로 갈라진 산삼), 얼겅이(덤불), 쓸쓸이(蝨), 알랭이(모기), 앵아리(蜂), 노갱이(烏), 감잡이(낫), 농이(甌), 동녕이 / 동영이(산마), 우렝이(두가리), 툭툭이(銃), 반진이(새옹), 새루갱이 / 새리괭이 / 새리왕이(국수), 우대손이(갓), 추잡이(바지, 고의), 쩔렝이(돈), 회굽이(집 또는 산에 마련한 임시 막사로 돌아오는 길), 돌이(해)
-쿠	카쿠 / 진카쿠 / 참카쿠(3년이 안 된 산삼), 송쿠(鼠), 바징쿠(가랑이가 좁은 고의), 어성쿠(차림새)
-대	솔이대(바람), 노대(頭), 수룽대 / 수리대(오줌), 사구쌍대(四枝生), 두닢쌍대(잎이 둘 난 산삼), 세닢반대(잎이 셋 난 산삼), 잎반대(잎이 넷 난 산삼), 넙대(熊), 진대(뱀), 디대(신발), 마대 / 마아대(막대기), 오림대(젓가락), 올림대(숟가락), 연대(담배), 워대(연락 신호 소리)

-치	빗치(해), 부루치(眼), 세닢부치(잎이 셋 난 산삼), 칠구두루부치(잎이 일곱 난 산삼), 우워치 / 웅치(牛), 굴걱치(옷)
-구	유구(五枝生), 사구(四枝生), 오구(5년생 산삼), 육구(6년생 산삼), 외구(잎이 하나인 산삼), 흑저구(鳥), 더너구(빈대떡), 시더구(떡)
-추/초	오방초 / 오방추 / 방초(산삼), 양덕초 / 용추 / 연추 / 연초(담배), 왕초(큰 산삼), 이리연초(이곳에 모여 쉬자)

제 3 장

범죄인 은어

어떤 계층이나 부류의 사람들이 다른 사람들이 알아듣지 못하도록 자기네 구성원들끼리만 빈번하게 사용하는 말이 은어(隱語), 일명 변말이라는 것은 주지의 사실이다. 여러 가지 집단 중에 심마니, 궁중인, 상인, 학생, 남사당패, 군인, 범죄인 등은 자기들만의 언어사회를 형성하게 되는데, 이에 따라 나타나는 것이 은어인 셈이다. 이와 비슷한 의미로 속어(俗語) 또는 비속어(卑俗語)가 있는데, 이는 통속적으로 쓰는 저속한 말을 일컫는 것이다. 은어는 걸인, 도적, 깡패, 매춘부 등과 같은 특정한 계급과 직업에서 생성하여 발달한 특수어로, 그들의 권익을 보호하고, 또 다른 사회인은 이해하지 못하고 오직 집단 내부에서만 통용되는 특이한 언어이다. 반면에 비속어는 청춘남녀의 그룹 간이나 학생 사회와 군대 집단 등에서 표준어와는 별도로 비속한 어감을 표현하는 언어인 것이다(김종훈 외, 1985:18-19).

은어[隱語]에 대한 최초의 기록은 『삼국유사』 권2 「진성여왕 거타지조」에 나온 '다라니 은어(陀羅尼 隱語)'이다(서정범, 2005:20). '다라니(陀羅尼)'는 산스크리트 어 'dhārani'에서 온 것인데, 불교에서 모든 악법을 막고 선법을 지킨다는 뜻이다. 산스크리트 어로 된 긴 문을 번역하지 아니하고 음(音) 그대로 외는 일로, 자체에 무궁한 뜻이 있어 이를 외는 사람은 한없는 기억력을 얻고, 모든 재액에서 벗어나는 등 많은 공덕을 받는다고 한다. 그러나 여기에 등장하는 은어(隱語)라는 용어는 오늘날의 그것과는 상당한 거리가 있는 것으로 생각된다(김종훈 외, 1985:13).

은어의 발생 요인으로 김종훈 외(1985:15-16)는 아홉 가지를 제시하였는데, 첫째, 한정된 자기 집단의 비밀을 유지하기 위하여, 둘째, 신선한 표현력을 조장하려는 의욕 때문에, 셋째, 집단의식을 강화시키기 위해, 넷째, 금기의 목적으로, 다섯째, 공통된 생활을 영위하는 어떤 고립된 환경에서, 여섯째, 공통직인 직업에 종사하는 순회직의 언어에서, 일곱째, 외래어의 영향을 받아서, 여덟째, 일시적 쾌감의 발로와 욕구 불만의 표출과 사회 구조의 복잡성 때문에, 아홉째, 사회문화와 이지의 발달에 의한 동지성 규합에 의하여 등이다.

그동안 범죄인의 은어 연구는 1950년대와 1960년대에 많이 이루어진 편이다. 특히 이 시대는 한국전쟁이 발발하고 종전된 지 얼마 되지 않은 불완전한 정치현실 속에서, 여기저기 범죄인들이 창궐했던 당대 현실과도 밀접한 관련이 있다. 그 중 김민수(1953)는 거지들의 말을 중

심으로 은어의 문법적 현상을 고찰하였으며, 이성실(1960)은 대구 지역
의 부랑아들이 쓰는 은어를 조사하여 180개의 은어를 찾아내고 이에
대해 그 뜻을 정리하였다.

장태진(1964)은 범죄인 은어를 중심으로, 은어가 공통어에서 출발된
어(語)의 형성으로 잡고 국어의 위상적 형성을 조어론에서 이해하고
자 연구하였다. 장태진(1965)은 1962년 광주소년원에서 조사한 약 50
개의 문장을 검토한 결과, 어휘에서 그들의 반사회적 행동과 관련되
는 어떤 특정의 명사는 개념의 분화에 따라서 많은 양의 어사를 가
졌고, 지극히 필요한 어떤 어사는 많은 이형태를 가지고 구사되는 일
면, 형용사에서 극히 빈곤한 양의 어사, 동사에서 그들의 반사회적
행동에만 한하여 어사를 보유한다는 사실을 알아냈다. 이충구(1986)는
은어의 형성과정과 조어 규칙, 국어조어법과의 상관관계를 살핀 연
구를 하였다. 장태진(1995)은 국어의 은어 전반에 대한 총체적인 연구
로서 그 체계화를 시도하였다. 특히 학문적 태도의 초점을 국어학과
사회언어학에 두었다.

이 글은 범죄인들의 은어를 대상으로 한 것이다. 여기에서 범죄인이
란 범법자 즉, 강도, 도둑 등과 교도소에 수감된 죄수들을 포함하는 의
미로 사용하였다. 은어 자료는 1999년 국립국어원에서 편찬한『표준국
어대사전』에 오른 단어를 중심으로 고찰하였다.

또 현대 범죄인들의 은어가 최근 약 50년간 어떠한 형태로 바뀌었나
도 살펴볼 것이다. 그동안 범죄인 은어를 구체적으로 가장 많이 조사한
연구로 이성실(1960)이 있는데, 부랑아들의 은어 총 180개 어휘를 정리

하였다. 이 은어들이 현재에는 어떻게 실현되는지를 알아보기 위하여 충남 천안교도소 재소자 50여 명30)의 협조를 받았다. 이들에게 이성실 (1960)에서 제시한 180개 어휘와 필자가 최근의 흐름에 맞추어 첨가한 20개를 합하여 총 200개 어휘의 변화된 모습을 알아볼 것이다.

1. 은어 어휘들

1.1. 체언

(1) 사물

권총(拳銃)을 일컫는 은어로 다음과 같은 것이 있다.

> ① 개다리 / 닭다리 / 돼지다리 / 돼지발 / 말대가리

이 은어들은 모두 의태적 유형에서 비롯된 것들이다. 특히 짐승들의 다리나 발, 머리처럼 모양이 비슷한 부위를 끌어다 빗대어 표현한 경우이다. 이렇게 사물의 모습에서 온 은어들은 대체로 명사에 국한되어 나타난다.

---

30) 이들은 나이가 18세에서 25세 이하로, 지역적으로는 남도 출신이 많았다. 또 전부 남자였으며, 입소기간은 적게는 15개월에서 많게는 5년까지이다.

수갑(手匣)을 일컫는 은어로는 다음과 같은 것이 있다.

이 은어들 중 앞의 세 은어는 수갑과 형태가 유사함에서 비롯된 표현으로 죄의식을 소멸하고자 하는 의미도 내포된 경우라 하겠다. 이러한 표현은 범죄심리학적 관점에서 볼 때, 자신들의 죄를 인정하지 않고 고상하게 표현하려는 현상에서 비롯된 것으로 보인다. '꽁이'는 수갑의 의미만 있지 않고 '열쇠'를 지칭하기도 한다. '꽁이'의 경우는 '꽁꽁 묶다'라는 말에서 동사의 절제(clipping)[31]를 통해 간단히 표현한 경우이다. 그런데 장태진(1965:100)의 조사에 의하면, '맹꽁이'라는 은어도 나타나는데, 이는 '꽁이'에 '맹-'이 접두하여 새로운 은어를 생산해 낸 경우이다[32].

담배를 이르는 이들의 은어로 다음과 같은 것이 있다.

---

31) 장태진(1965:102)은 절제(clipping)를 세 가지 유형으로 본다. ① Mora(음절)의 절제(예. 꼬랑지→랑지), ② 어소(語素)의 절제(예. 지개꾼→깨꾼), ③ 단어의 절제(예. 도민증→쫑) 등이 그것이다.
32) 장태진(1965:102)은 절제의 보상으로 강화나 유착 또는 첨가 현상이 나타난다고 보는데, 이 경우는 첨가에 해당된다.

위 은어 중 '강아지'와 '모야'는 범죄인들이 일반적으로 일컫는 '담배'를 가리키며, '간땡이'와 '기생지팡이(妓生---)'는 교도소 안에서 규칙을 어기며 몰래 피우는 담배를 가리킨다. 마지막의 '개꼬리'는 담배꽁초를 이르는 말이다.

'담배'의 경우는 교도소별로, 지역별로 그 표현이 각기 다른 편인데, 장태진(1965:101)을 참조하면, 부산, 인천, 군산, 부천, 서울, 김천 등에서는 '부시개'로 광주, 전주 등에서는 '푸시개'로, 부산, 대구 등에서는 '강아지'로, 공주에서는 '모야' 등으로 표현한다고 하였다. 현행 국어사전에 오른 단어들로 미루어 볼 때, '부시개, 푸시개' 등은 소멸된 것으로 보인다.

'간땡이'의 경우는 교도소라는 위압적인 분위기 속에서 용기 있는 자만이 피울 수 있다는 의미에서 유래한 것이며, '기생지팡이'는 얇고 가냘프며, 담배의 속성 중 빨아서 음미한다는 뜻까지 내포한 것으로 보인다.

김종훈 외(1985:29)를 참조하면 담배를 지칭하는 은어는 1950년대 '기생지팡이, 강아지, 모아푸시게, 부시기'에서, 1960넌대 '3전만의 소화세, 부시개, 장총' 등으로, 1970년대에는 '어른과자, 김밥, 불로초, 부시기' 등으로 변천했음을 알 수 있다. 특기할 만한 것으로 '부시기'형은 변하지 않고 계속 이어지는 강인한 생명력을 지녔다는 사실이다.

④ 국수 / 국숫줄 / 노끈토시

위의 은어는 포승(捕繩)을 일컫는 것들이다. '국수'와 '국숫줄'은 그 모양을 빗대어 표현한 의태적 은어이다. '노끈토시'는 꼬아서 만든 포승 줄과 비슷한 '노끈'을 빌려와, 죄의식을 감해 보려는 심리적 현상의 발로로 보이며, 팔뚝에 끼는 '토시'의 속성까지 따와, 포승 대신 팔뚝에 묶는 줄이라는 의미로 사용한 경우이다.

이외에 흔히 쓰는 이들의 은어에 다음과 같은 것이 있다.

⑤ 걸짱(밥을 담는 깡통) / 딱지[手票] / 떡(마약) / 벙어리(자물쇠) / 왕왕이(라디오) / 작대기(만년필) / 지나리(뱀이나 국수)

'걸짱'에서 '걸'은 한자 '걸(乞)'에서 온 것이며, '짱'은 '깡통'의 '깡'이 구개음화된 형태로 보인다. '딱지'는 금전적 가치를 무시하려는 반대심리에서 나온 은어로 보이며, '떡'은 흔히 범죄인들이 접할 수 있는 마약 섭취에 대해 죄의식을 상쇄하고자 일상적인 잔치 음식인 '떡'을 사용하여 이를 대신한 경우이다. '벙어리'는 절도에 방해요소인 자물쇠가 말 못하는 벙어리이기를 바라는 심리적 기대감에서 비롯된 것으로 보인다. '왕왕이'는 라디오를 켤 때 나는 소리를 흉내내어 표현한 의성어 자체를 은어로 사용한 경우이다. '작대기' 또한 그 겉모양을 흉내낸 것으로 의태적 표현에서 비롯한 경우이다. '지나리'에 대해 장태진(1995:35)은 '*긴 날실(經)→*긴날'이 원말에서 온 '기나리'가 'k구개음화'로 'k→c/-i'가 나타난 것으로 본다.

(2) 사람

경찰을 일컫는 은어로 다음과 같은 것이 있다.

위 은어 중 '검정개, 짜부, 시내, 여당, 쎄리' 등은 일반적으로 경찰을 이르는 말이고, 여경찰은 일컬을 때는 '쎄리'에 '여(女)'를 앞에 두어, '여쎄리(女--)'라 하였다.

김종훈 외(1987:29)를 참조하면, 경찰을 일컫는 은어가, 1950년에는 '똥파리, 쎄리, 검둥개' 등으로, 1960년대에는 '까마귀, 깡통, 쌔비' 등으로, 1970년대에는 '짜부, 세파트, 개나리, 까마귀' 등으로 변천했다. 한편 장태진(1965:99)에는 경찰을 뜻하는 은어로 '나방'이 있었다고 조사한 바 있다.

장태진(1995:315-316)은 '쎄리'가 원래 '경찰관'을 뜻히는 학생 은어이었던 것이 범죄변과 창녀변으로 확장된 형태로서, 싸리[萩]에서 출자되어 '매'를 뜻하는 것으로 본다. 이는 과거 '매질하는 왜경'이라는 식민지 문화의 잔재가 '싸리의 사회·문화적 의미'에 작용한 것으로 보았다.

'뚜룩재비'와 '왕창'은 도둑을 일컫는 은어이며, '꽃장', '빵재비', '재비'

는 소매치기를 일컫는다. '국물재비'는 건달을 일컫는다. '(-)재비'는 '잡이'의 'ㅣ'모음 역행동화 현상에서 비롯된 은어이다. 장태진(1964:103)은 '-재비'가 공통어에서는 어원의식이 명백하여 '잡이'[執와 같은 명사형성이나 거의 의존어로서 독립적 사용이 없는 것이지만, 접미사로 쓰일 때는 대개 '절도'나 '전문화된 절도', '절도와 관련이 깊은 집단'의 인칭으로 전용된 것으로 보았다.

김종훈 외(1985:29)를 참조하면, '도둑'을 일컫는 은어는 1950년대에는 '얌생이꾼, 뚜럭, 밤손님' 등으로, 1960년대에는 '도선생, 꽃재비, 도룽농' 등으로, 1970년에는 'all night business man, 도선생, 뜨끔이' 등으로 변천했다.

장태진(1995:340)은 '꽃-'을 '시장'을 뜻하는 '*고지'에서 형성된 것으로 본다.

③ 매미 / 깔치

위 두 은어는 모두 어떤 특정한 여자를 지칭하는 은어인데, '매미'는 술집 접대부나 몸 파는 여자를, '깔치'는 여자, 처녀, 여자 애인을 이르는 말이다. '매미'는 접대부 여자들이 앵앵 자주 우는 습성에서 유래한 의성적 표현에서 유래한 은어이다. '깔치'는 밑에 깔아 괴는 물건에 '깔찌'가 있는데, 이 말에 둘째 음절 '찌'가 사람이나 사물을 지칭할 때 흔히 쓰는 '-치'로 대체되어 나타난 것이거나, '밑에 까는 사람'이란 뜻에서 유래한 것으로 보인다.

한편 은어 '깔치'와 연관해, 요즘에 '깔'은 학생들의 은어로 여자 친구를 나타내며, 남자 친구는 '깔따구33)'로 표현한다.

위 은어들은 도둑이나 소매치기와 관련된 주변인들을 일컫는 것들이다. '깜둥이꾼'은 도둑질하여 온 표를 사는 사람을, '받아치기'는 도둑들이 훔친 물건을 넘겨받아 가지고 도망치는 사람을 일컬으며, '애비'는 도둑들이 훔친 물건을 사는 사람인 '장물애비'에서 '장물'이 생략된 경우이다. '기계'는 소매치기들이 직접 손을 대어 훔치는 사람이나 그 손을 이르는 말이다.

'깜둥이꾼'에서 '꾼'은 '군(軍)'에서 그 기원을 찾을 수 있다. 장태진(1964:103)은 공통어에서 '군(軍)'으로 차자되어 '역부(役夫)'의 의미로 쓰여진다고 하며 이들의 어례가 절도(竊盜)의 범칭 '불량배, 직업인, 불구자' 등 광범한 인칭에 보여진다고 보았다.

위의 은어들은 범죄인들이 어떤 특정한 사람을 지칭할 때 쓰는 것

___

33) '깔따구'는 '하루살이'의 충청도 방언이면서, 모기를 닮은 '깔따국과의 곤충'을 일컫기도 한다.

들이다. '개털'은 돈이나 뒷줄이 없는 사람을, '범털'은 돈 많고 지적 수준이 높은 죄수를 일컫는다. '개'와 '범'의 차이로, 재산(財産)과 지식 등의 여부, 뒷줄 등을 대조적으로 표현하였다. '곰앞잡이'는 형사의 앞잡이를, '닭오리'는 여자로 분장한 남자 접대원을, '목내'는 시골 거지를, '빠꿈이'는 영리한 사람을, '뺑코'는 미국인을, '뼉치기'는 노상강도를 각각 이르는 말이다.

'곰앞잡이'는 '곰앞재비'로도 나타나며, 곰의 엉큼한 속성이나 경찰관의 제복색이 곰과 비슷하다는 점에서 '곰'이 형사를 지칭한 경우이다 (장태진, 1995:230). '닭오리'는 '닭 잡아먹고, 오리발 내어 놓은다→닭오리'와 같은 형성으로 삭제 규칙의 적용에 의한 '글월의 낱말화'가 된다 (장태진, 1995:102). '목내'는 장태진(1995:19)을 참조하면, '거지두목'을 지칭하던 은어이다. 그러나 지금은 '시골거지'를 지칭하는 것으로 '*막내초 →*목내초→목내'의 과정을 거치면서 단어의 뜻이 바뀐 경우이다. 물론 '-초'는 '왕초'의 경우처럼 사람을 지칭하는 것이다.

'빠꿈이'는 장태진(1995:296)을 참조하면, '*눈이 빠꿈하다'를 밑글로 하여 형성되어, '무엇을 잘 찾다'의 뜻으로 본다. '뺑코'는 피부색이 희고 유난히 코가 큰 미국인을 '백(白)+코'라 표현했던 것을 글월의 낱말화와 된소리화에 힘입어 나타난 표현으로 보인다. '뼉치기'는 소매치기를 할 때 나는 소리 '뼉'과 몰래 훔치는 사람을 뜻하는 '치기배'의 '치기'가 결합하여 나타난 표현으로 보인다.

(3) 장소

위 은어들 중 앞의 것 셋은 파출소나 경찰서를, 맨 뒤 하나는 교도소를 일컫는 은어이다. '곰'과 '쎄리', 즉 경찰들이 있는 장소이기에 '곰집' 또는 '쎄리깐'이며, 교도소를 큰집으로 일컬어 범죄 행위를 일소하려는 것처럼, 경찰서는 큰집 직전에 들러야 하는 '작은집'으로 표현한다.

위 은어 중 '빵'은 감방을 일컫는 것이며, '범털방'은 감방 중, 돈 많고 지적 수준이 높은 죄수를 수용한 감방을, '쥐털방'은 감방 중, 살인범이나 강도범 따위의 흉악범을 가둔 방을 이르는 말이다. 감방의 경우, 김종훈 외(1985:28)를 참조하면, 1950년대에 '인간 개조장'으로 널리 불리던 것이, 1960년대에는 '붉은 벽돌집'으로, 1970년대에는 '국제호텔' 또는 '별장' 등으로 변천하였다고 보았다. 그러나 시대가 아무리 흘러도 감방을 뜻하는 '빵'은 아직도 사회성을 잃지 않고 있는 것이 현실이다. 물론 '빵'은 '방(房)'의 된소리화로 나타난 은어이다.

범죄인들의 은어에서 짐승들은 각각 상징하는 바가 다른데, '개'는 돈과 뒷줄이 없음을, '곰'은 '경찰'을, '범'은 돈과 지적 수준이 있음을, '쥐'는 흉악함 등을 표현하고 있다.

위 은어들은 기타의 공간을 일컫는 것인데, '사진관'은 면회실을, '넥타이공장'은 교수형을 집행하는 곳을 이르는 말이다.

(4) 행위

위 은어들은 죽음과 관련된 은어들인데, '달걀빵'은 총살이나 사형을 일컬으며, '뒷문 가출옥(-門假出獄)'은 교도소에서 죽는 것을 일컫는다. '달걀빵'은 사형수가 총살당할 때, 몸에서 용솟음치는 피의 분출이 마치 달걀을 깨뜨릴 때의 형상과 비슷한 것에서 비롯된 것으로 보이며, '뒷문 가출옥'은 사형된 후 시신이 뒷문을 통해 나가는 현상을 줄여서 표현한 것이다.

죄수들이 감방에서 꿈을 꾸는 것도 '수꿈, 암꿈'으로 나누어 표현했는데, '수꿈'은 낮에 꾸는 꿈을, '암꿈'은 밤에 꾸는 꿈을 이른다. 낮을 '수'로, 밤을 '암'으로 표현함이 재미있다.

위 은어 중 '별'은 전과의 범행 수를, '보리가마니'는 무기 징역을 일컬으며, '빵재비'의 '(-)재비'는 '잡이'의 'ㅣ'모음 역행동화 현상에서 비롯된 은어로, 앞선 설명과 같이 소매치기라는 뜻도 있지만 재범(再犯)을 일컫기도 한다. 범행 수가 많아짐을 자랑스럽게 여기고자 하는 심리적 현상에서 '별'이 나타나며, '보리가마니'는 희망이 없이 초라하게 지내야 만하는 처지를 은유적으로 표현한 경우이다. '빵재비'는 재범을 하면 다시 한 번 간방을 잡을 수 있는 존재가 됨을 표현한 것으로 보인다.

이 외에도 여러 행위를 일컫는 은어들이 있다. '날멍'은 변명을, '나구리'는 '뭇매'를, '죽다'는 감옥에 감을, '째고 따기'는 소매치기들이 주머니나 가방 따위를 면도날로 째고 돈이나 귀중품을 털어 가는 수법을, '호찌'는 성교(性交)를 일컫는 말로 사용하였다.

'날멍'의 '날'은 아주 길이 잘 들어 익숙해진 버릇이나 짓을 일컫는 '날'과 변명(辨明)이 결합하여 축약한 표현으로 보이며, '다구리'는 '뼈다귀'가 상할 정도로 사람을 패는 것으로, '뼈다귀'를 뜻하는 경상도 방언 '뼈다구리'의 어두음 생략에서 온 것으로 보인다. '죽다'는 감옥에 수감됨을 싫어하는 심리의 표현이며, '째고 따기'는 귀중품을 털어가는 수법

자체, 그 행위를 지칭하는 경우이다. '호찌'를 장태진(1995:384)은 은어 형성에 '음운론적 이규칙'을 적용하고, 여기에 어의 변동이 수반되어 'P→H'로 변했다고 본다. 또 이는 일본의 은어를 차용하는 과정에서 함께 받아들인 일본어 음운규칙 'P→F(服部四郎, 1951)'인 것으로 보았다.

(5) 기타

> ① 뽁

은어 '뽁'은 여자의 성기를 일컫는 말이다. 장태진(1995:386)에는 첨가 규칙으로 '*보→복'이 가능하고 또 된소리화에 의해 '뽁(여음, 성교)'이 형성되었으며, 넓게 집단변에 쓰일 뿐 아니라, 새로운 거점말로서 크게 생산성을 발휘한다고 보았다.

> ② 돌밥 / 사뎅이 / 오뎅이 / 꽁시다이 / 물뽁따기

밥에 대한 은어도 발달하였는데, '돌밥'은 사형 집행 전에 마지막으로 주는 밥으로 사형수들의 깔깔한 입맛을 비유적으로 표현한 것이며, '사뎅이'는 넷째 등급의 밥을 '넷'을 뜻하는 '사(四)'에, '-덩이'가 'ㅣ'모음 역행동화된 '-뎅이'가 붙어 형성된 은어이다. '오뎅이'는 가장 급이 낮은 밥으로 '오(五)'에 '-덩이'가 결합한 형태이고, '꽁시다이'는 보리밥을 뜻하는데, 보리를 뜻하는 '꽁'에 '밥'의 은어 '시다이'가 결합한 형태이

다. '물뼉따기'는 누룽지를 일컫는 말로, 물에 영양가 없는 뼈다귀 같은 눌은밥을 끓여서 만들었다는 의미에서 온 것으로 보인다.

1.2. 용언

위 은어들은 모두 '훔치다'를 일컫는 것들이다. '넉치다'를 장태진(1995:277)은 '뚜럭치다'에서 어두음 삭제에 의해 탄생한 은어로 본다. '뚜럭/뚜룩'은 범죄 은어로 '주머니'를 상징한다. '따시다'의 경우는 장태진(1995:46)을 참고하면, '*따다'라 했던 것을 '시 삽입 규칙'에 의거하여 나타난 경우로 본다. '설보다'의 '설'은 장태진(1995:151)을 참조할 때, '치기, 채기'를 대치하여 오늘날에 쓰이는 말로 크게 생산성을 발휘하며, 그 예로, '아리랑설(술 취한 사람 대상의 범행), 순아리설(혼잡 상태의 범행), 문아리설(옷에 오물을 묻히는 범행)' 등에 흔히 나타난다고 본다. 따라서 이러한 의미의 '설'에 '보다'가 결합한 경우가 '설보다'이다. '할퀴다'는 귀중품을 할퀴다시피 하여 훔쳐야 됨을 표현함에서 비롯된 경우로 보이며, '나꾸다'는 귀중품을 '낚다'에서 '낚다'의 방언 '나꾸다'가 은어로 나타난 경우이다.

위 은어들 중 '개미잡다'는 '가리다'를 나타낸다. '달다'는 '얻다, 낚다'
의 뜻으로 '가지다, 끌고 다니다' 등 광범위한 어의로 쓰인다고 하였다
(장태진, 1995:397). '실여 있다'는 '기다리다'를 일컫는 말이다.

2. 범죄인 은어의 변천

다음에 제시할 은어들은 이성실(1960)에서 제시한 180개 어휘와 필자
가 최근의 흐름에 맞추어 첨가한 20개를 합하여 총 200개 어휘를 제시
하였다. 도표 중 '김홍석(2007)'은 천안교도소 재소자 50여 명의 은어를
표시한 것이며, 밑줄이 그어있는 은어는 사용 빈도수가 우세함을 표시
한다.

순	표준어	이성실(1960)	김홍석(2007)
1	신발	디디미	신
2	칼	날림	사시미, 깔
3	배고프다	시라이 졸린다	출출하다
4	거지대장	왕초	왕걸배이, 앵벌대장, 왕초, 그지대장, 개방교주, 왈왈이
5	오래된 거지	묵은초	걸배이, 그지새끼, 상그지, 왕걸배이, 오래된 개방
6	양말	속디디미	

7	시계	똑때기	
8	옷	골	
9	내복	속꼴	내의
10	죽었다	깨여졌다	디졌다, <u>뒈졌다</u>, 뻗다
11	빼앗아 먹다	탈쳐먹다	빼뜨라 묵다, 뜯어먹다, 갈취하다
12	몸부림	깡다구	발광(發狂)
13	탄로 시키지 말라	산통깨지 말라	벌리지 말라, <u>뻘리지마라</u>, 씨불지 말라, 코대지 말라
14	헌옷	중꼴	
15	뛰어 간다	짜리 찡정	띠 간다, 뛰간다, 튄다
16	저리 가라	내 쳐라	꺼지라, 꺼져라, 저리 꺼져라, 끄지라, 사라져
17	훔친다	따신다	쪼사다, 감는다, <u>쌔빈다</u>, 털이
18	감추다	꼬불친다	<u>숨키다</u>, 찡박다
19	성내나	살튼나	승질내나, 빡돌나, 쇠라시, 인상쓰나
20	쳐다본다	골친다	<u>꼬나본다</u>, <u>꼴아본다</u>, 째려본다, 야린다
21	조용하라	벌리지 마라	아가리 닫아라, 닫쳐라, 찌그러져라, 닥쳐라
22	술	쭐쭈리	소독
23	잡식(雜食)	꿀꾸리	식충이, 식신
24	호박	땅 다리미	대가리
25	사과	높은 다리미	
26	참외	줄 다리미	

27	쌀밥	백모라이	흰밥
28	엿	끈끈이	삐큐
29	배(梨)	곤보통	
30	콧물	해삼	
31	상이군인	홍애	
32	명예손상	쪽팔린다	
33	조사	문안이	
34	불알	봉다리 형제	씨불알, 봉알, 고환, 파이어에그, 쌍방울
35	엉덩이	후장	궁둥이, 방싱, 궁디
36	똥구멍	후장통	통, 후장, 똥꼬, 통장, 미자바리, 항문
37	야단친다		
38	말하다	약팔다	씨부리다, 씨불다, 지끼다
39	똥눈다	먹딴다	똥싼다, 미자비대, 밀어내기
40	맡았다	찍었다	
41	시끄럽게 굴다	왕왕대다	난리법석
42	욕심이 많다	건갈지긴다	깔미다
43	도둑	티꾼	도둑놈, 둑놈, 도둑씨끼, 암흑손님
44	헌병	헌바리	군바리
45	순경	쐬리	짭새, 짜바리, 작은 짭새
46	학생	학필	고삘이
47	형사	형바리	짜바리, 짭새, 똥파리, 큰짭새, 큰짜바리

48	군인	군바리	<u>군바리</u>
49	들켰다	다구리 까있다	들켰다, <u>걸렸다</u>, 잡힌다
50	은수저	소금때	
51	수저	공갈 때	밥숟가락
52	대나무	배기 때	
53	깡통	까바리	
54	화투	대기	딱딱이, 고, 고스톱
55	기압	일광대	
56	때리다	까라	한방주다, 쳐박다, 꼰는다, 구타, 간질어주다
57	고추	메메	좆
58	형무소	골	<u>교도소</u>, 징역, 깜빵
59	도박	치기	노름, 하우스
60	발길로 차다	가로채다	발로 차삐다, 걷어 올리뿐다, 까다, 좆찻뿔까
61	금반지	노랭이	<u>금가락지</u>, 반지
62	자물통	맹꽁이	자물쇠
63	아편	닭총	뽕
64	성냥(불)	꽃	
65	영장	빨간 딱지	학교통지서
66	직위	감투	작위
67	철공소	망치질 패	

68	백화점	호떡집	
69	은행	하꼬방	
70	거지소굴	천국	그지소굴, 걸뱅이집, 걸배이 집합소, 역
71	넥타이	새끼줄	넥꾸다이
72	털양말	쇠가죽	
73	담요	블랭크	이불, 모포
74	장갑	토시	
75	모시	왈래	
76	육군	건빵	
77	해병대	개병대	
78	눈썹이 긴 여자	다마짱	백녀
79	수갑	맹꽁이	은팔찌, 팔찌
80	열쇠	삿대	쇳대
81	증명서	딱지	자격증
82	구렁이	국수	
83	달걀	소눗갈	
84	모자	딱가리	
85	만년필	작대기	
86	총	묵대	
87	권총	넙쩍다리	
88	총알	콩알	

89	영장	빨간딱지	
90	전지	눈깔	약
91	뚱뚱보	뚜개비	돼지새끼, 돼지, 문간이
92	아주 많이	야마모리	좆나 많이, 입빠이
93	성질	곤죠	성깔, <u>꼬라지</u>, 곤조
94	평민	꼬비짱	민간인, 일반인
95	천원짜리	센빠이	
96	만원짜리	X빠이	배춧잎, 배추이파리
97	오천원짜리	X빠이	
98	무쇠	이모노	
99	눈(目)	다마짱	눈끼시, <u>눈깔</u>, 눈깔만시, 눈까리
100	분배	분빠이	반떵
101	거짓말	후라이	<u>구라</u>, 고짓말, 뻥설레발, 이빨까다
102	정거장	애깨마이	
103	아버지	오야지	아빠, 꼰데
104	은행	하꼬방	
105	예쁜 여자	다마짱	레이디, 가시나, 미인, 완소녀
106	많이	입빠이	<u>입빠이</u>, 억수로
107	저녁	아벤트	
108	밤(夜)	분트	
109	아침	몬트	
110	새벽	멘트	

111	담요	블랭크	모포
112	도망가자	토끼자	<u>퇴자</u>, 토끼자, 째자
113	도둑질 하러 가자	티잡다	티분다, 일하러 가자, <u>쌔비러 가자</u>, 감으러 가자, 쪼사로 가자, 홈치러가자
114	열쇠 열자	빼따자	자물쇠 따다
115	부수어 버린다	조진다	빠사삔다, 뿌사뿌자, 뽀사뿐다, 뿌사다, 빠사 버린다
116	잡힌다	달린다	
117	떠들지 마라	웅구리지 마라	지꺼지마라, 아가리 닥쳐, 아가리 다물라, <u>씨불지마라</u>
118	들어가자	밀리자	쳐들어가자, 들가자, 드가자
119	얻어 오다	달아오다	구걸하다
120	어머니	뭉치	어머이, 엄마
121	거지 부하	똘마이	똘마니, 개방쫄, 걸배이 새끼, 걸뱅이 따가리
122	입	아구티	<u>아가리</u>, 주둥이, 입술, 주디
123	소매치기	빵쟁이	도둑놈, 쌔삐리, 날치기, 스리치기
124	구두	<u>꼬고</u>	삐딱구두
125	지게꾼	닭장개비	
126	지프차	티	짚차
127	주인	조말이	대장
128	선생님	계비	꼰데, 탱이, <u>샘</u>, 쌤님
129	처녀	피저리	<u>아다</u>, 아다라시, 이쁜이

130	잔다	굴린다	디버잔다
131	지서	쇠서깡	
132	보리밥	꽁모라이	밥
133	양갈보	깔대	개보지, 걸레, <u>창녀</u>
134	김치	쪼지게	
135	여자	갈치	<u>가시나</u>, 깔, 깔따구, <u>냄비</u>, 딸아
136	고깃국	왕건이국	괴깃국
137	마누라	뭉치	
138	싸우다	때린다	주먹치다, 박터지다
139	영감	꼰데	할아버지, 할배
140	싸움 붙다	때린다	시비붙다, 다이다이
141	할멈	데산이	할마시, 할머니, <u>할매</u>, 할무이
142	오다	꺼지다	
143	문둥이	한사	뮨디, 방맘이, 문디자슥
144	속옷	땅달보	
145	고아	개비 똘만이	
146	피난민	따라지	
147	새로 온 거지	네초리	앵벌이 끝판대장, <u>신입</u>
148	이불	몽당비	모포
149	돈	힌	<u>머니</u>, 쩐
150	집	짬	
151	지갑	갑지	

152	경찰서	쇠퇴방	짭서, 작은집, 짜발서, 짭새둥지
153	구두	꼬구	
154	거지	양아치	걸뱅이, 걸배이, 쪼다
155	빈집	비나리	회사
156	잔칫집	메기짬	
157	암호	변	띵, 치치
158	초상집	썰떠러진 짬	상가집
159	죽이다	바람잡다	작업, 묻다, 담그다
160	나무	닭장	
161	거지옷	덜애기	
162	담배	부시기	코, 야리, <u>구름과자</u>, 강아지
163	돈주다	힌껄린다	
164	늙은 거지	멍내	
165	돈 많이 있다	오일실 짜가	
166	밤도둑	두룩잽이	밤손님, 좀도둑
167	있다	실짜라	
168	양은	백사이	
169	많다	몬자	
170	고을	사라리	
171	밥	모라이	
172	은(銀)	간직이	
173	반찬	쪽찌개	

번호			
174	자전거	자따리	
175	쌀	베기	
176	보리	봉태기	
177	고기	왕건이	
178	개[犬]	기챙이	<u>개새끼</u>, 음식
179	물	탈	<u>식수</u>
180	사회인	가일	지인, 자유인
181	동생		
182	금(보석)		금땡이
183	체인(도구)		
184	문신		타투, 그림
185	못 생긴 여자		덧싸다, 걸레, 좆같이 생겼다, 폭탄, 쓰레기, 추녀
186	갑부		갑바, <u>부자</u>
187	부하		딱가리, 깔
188	수송차		
189	1년 구형		수용자, 심리, 총알
190	망보다		치치보다, <u>땡보다</u>
191	(방송, 신문)기자		
192	재범		전과자
193	매춘부		갈보, <u>걸레</u>, 개걸레, 창녀
194	비 오는 날		

195	속옷		
196	여대생		꿀, 싸다, 엘리트
197	외국인		<u>양키</u>
198	어린 아이		좆만한, 얼라, 좆맨이
199	장기수		교도소 오래사는 사람, 무기수
200	단순범		

앞의 표에 제시된 은어 중에서 현재 사용하는 특기할 만한 은어들을 하나하나 살펴보자.

'2. 사시미'는 칼을 지칭하는 일본어가 아직까지도 버젓이 사용되고 있었으며, '5. 오래된 개방' 중에 개방은 '開房'으로, 이는 교도소에서, 아침에 일을 시키려고 죄수를 감방에서 내보내는 일을 지칭하는 것이다. '13. 씨불지 마라'는 '주책없이 함부로 자꾸 실없이 말하는 모양'을 일컫는 부사(副詞) '씨불씨불'에서 온 것으로 보이며, '28. 빠큐'는 영어 'fuck you'에서 온 말로 성기를 보이며 욕보인다는 욕설에서 유래한 것이다. '36. -바리'는 일본에서 심하게 욕할 때 쓰는 'ばり'에서 온 것이며, '71. 넥꾸다이'는 영어 'necktie'가 일본을 통해 우리나라로 들어 온 2차 외래어이다. '92. 입빠이'는 일본어 '가득'에서 유래한 것이며, '93. 곤조'도 일본어에서 '성질'을 지칭하는 말에서 온 것이고, '101. 구라'도 '어둡습니다'의 일본어 '구라이데스(くらいです)'에서 온 것이다. '103. 꼰데'는 '꼰데기'라는 주름이 많은 '번데기'에서 이화현상으로 말미암아 된 것으로 보이며, 현재도 '번데기'의 경상, 전남 방언은 '꼰데기'이다. 은어로 '늙은이, 선생님, 아버지' 등의 뜻도 지닌다. '121. 걸배이'는 '거지'의 경상도

방언에서 전국적으로 그 세를 확장한 경우이고, '123. 스리치기'는 소매치기의 일본어 '스리'에 '-치기'가 접미한 경우이다. '129. 아다라시'는 일본어 '新'에서 온 것이며, '135. 깔'은 학생 은어로 '깔'이 '여자 친구', '깔따구'는 남자 친구를 현재에도 가리킨다. '140. 다이다이'에서 '다이'는 일본어 '對'에서 온 것이며, '147. 앵벌이'는 현재 국어사전에도 오른 어휘이다. '152. 짭새'는 경찰마크에 그려진 '독수리'를 낮잡아 이르길 '잡새'라 하고 여기에 된소리화 현상으로 되었거나, 장태진(1995:346 -349)의 주장처럼, '칼'을 의미하는 '재[尺]'와 인칭 접미사 '-보'에 의해 형성된 '자보'가 된소리화 현상과 어말음 삭제 현상으로 인해 '짭'이 된 후, 씨(氏)나 경찰마크의 상징 '독수리'를 얕잡아 부른 '새'가 결합한 경우일 수도 있다.

'162. 야리'는 일본어에서 '주다'가 '야루'인데, 여기서 유래된 것으로 보이며, '184. 타투'는 문신을 일컫는 'Tattoo'라는 영어에서 온 말이다. '186. 갑바'는 단단한 가슴살을 지칭하는 은어이며, '187. 딱가리'는 '바구니'의 경남 방언에서 '뚜껑, 덮개'의 은어에서 유래한 것으로 보인다.

은어도 일반 언어에서 보이는 현상처럼 시간이 흐르면 변하고 또 지역에 따라서 방언과 상호작용하면서 변한다. 그러나 김종훈 외(1985:27)의 지적처럼, 일반 공용어처럼 문법이나 음운 체계에 맞게 지속적으로 변천하는 것이 아니라, 그 시대의 소집단 내 여건에 따라 발생하는 것이 특징이며, 조직적으로 변천하는 것이 아니다.

또 이들의 은어는 긴 문장을 최대한 줄여서 표현하고자 하였고, 상대적인 보상심리에서 비롯된 반어(反語)형을 추구하기도 하였다. 시간이 흘러 사회가 국제화라는 분위기 속에서 외래어가 많이 출현한 사실도 간과해서는 안 될 현상이다. 그러나 대체적으로는 그 모양을 빗대거나 소리를 흉내낸 표현들이 흔하게 나타났으며, 특히 비유적인 표현이 두드러졌다.

다음은 본문에서 제시된 현대 범죄인들의 은어를 정리해 본 것이다.

의태적 유형	개다리 / 닭다리 / 돼지다리 / 돼지발 / 말대가리(권총), 국수 / 국숫줄(포승), 작대기(만년필), 지나리(뱀, 국수), 달걀빵(총살)
의성적 유형	왕왕이(라디오), 매미(창녀)
고상한 표현	금팔찌 / 은팔찌 / 팔찌(수갑), 국수 / 국숫줄(포승), 떡(마약), 사진관(면회실), 넥타이공장(교수형 집행소), 별(전과 수)
비유적 표현	기생지팡이 / 강아지(담배), 개꼬리(담배꽁초), 작대기(만년필), 지나리(뱀, 국수), 기계(훔치는 사람이나 손), 곰앞잡이(형사), 빠꿈이(영리한 사람), 곰집 / 작은집(경찰서), 큰집(교도소), 범털방(돈 많고 지적 수준 높은 죄수 수용방), 쥐털방(흉악범 수용방), 사진관(면회실), 넥타이공장(교수형 집행소), 수꿈(낮 꿈), 암꿈(밤 꿈), 별(전과 수), 보리가마니(무기징역), 빵재비(재범), 죽다(감옥 감), 돌밥(마지막 밥), 짭새(경찰)
동사의 절제	꽁이(수갑), 닭오리(여장 남자접대원), 넉치다(훔치다)
명사의 절제	애비(장물애비), 목내(시골거지), 날명(변명), 다구리(뭇매), 꼰데(선생님)
결합의 절제	걸짱(걸(乞) + 깡통, 밥 담는 깡통), 깔치(깔- + -치, 여자)

결합	뺑코(미국인), 뻑치기(노상강도), 뒷문 가출옥(교도소에서 죽는 것), 설보다(훔치다), 꽁시다이(보리밥)
반대심리	딱지(수표)
심리적 기대	벙어리(자물쇠)
사회문화적 의미	쎄리(경찰), 쎄리깐(경찰서)
첨가	맹꽁이(수갑), 따시다(훔치다)
방언	나꾸다(훔치다), 걸배이(거지), 딱가리(부하)
일본어	사시미(칼), -바리(욕), 넥꾸다이(넥타이), 입빠이(가득), 곤죠(성질), 구라(거짓말), 다이다이(싸움 붙다), 야리(담배)
영어	빠큐(욕), 타투(문신)
한자어	오래된 개방(오래된 거지)

제 4 장

궁중의 은어

궁중어는 '궁중에서 생활하는 사람들끼리 쓰던 특수어'로, 일명 '궁중말' 또는 '궁화(宮話)'라고도 한다. 궁중 구성원들은 왕을 초인적인 존재로 인식하여 보편적이고 일상적인 것을 기피한다. 이로써 군주라는 신성함과 위엄이라는 차별성을 둘 수 있고, 백성들을 통치하는 데도 유용하였으리라 생각한다. 게다가 차별성을 두고 품위 있는 언어를 사용함으로써 국운이 태평해지고, 오염된 세속어로부터 탈피하여, 신성화가 이루어진다고 생각했던 것이다. 또 궁중인들이 하나가 되고 그들의 기능이 오래도록 유지될 수 있도록 하였다. 이 외에도 궁중인이라는 특권의식과 우월감도 작용했을 것이다.

한편 궁중어가 출현한 시기는 신라 때부터일 것이나 본격적인 시기는 고려시대로 추정된다. 특히 고려 말 몽골의 공주가 왕비로 등극하면서 두드러지게 나타났는데[34], 비록 출발은 몽골 어의 차용에서 비롯되었지만, 시대가 흐르면서 언어에 대한 사대주의적 발상에서 한자가 유입되고, 이에 따라 백성들의 일상어와는 다른 유별성(有別性)이 나타난 것이라 할 수 있다.

그동안 궁중어에 대한 연구는 단지 몇 편에 불과하다. 안영희(1960), 김종훈(1969), 김용숙(1987, 1994), 홍은진(1995) 등이 대표적인 연구이다.

안영희(1960)는 문헌적으로 문자화된 자료보다는 구어를 중심으로 수집하여 연구한 것으로 궁중어가 대체로 중국의 영향을 많이 받았음을 피력한 연구이다. 김종훈(1969)은 궁중어를 국어계, 한자어계, 몽골 어계, 이두어계 등으로 분석하고, 궁중어를 중국과 몽골의 궁중 풍속의 모방성 속에서 자라나온 특수집단어로 결론지었다. 김용숙(1987)은 전체 속에서 한 부분(88~165쪽)이 궁중어에 대한 연구로, 궁중문학 작품, 일기, 편지 등의 궁중 관련 문헌 그리고 현존하는 노상궁들의 고증을 기초자료로 하여 연구한 논문이다. 김용숙(1994)은 김용숙(1987)의 내용과 큰 차이는 없다. 홍은진(1995)은 18세기 문헌인『천의소감언해(闡義昭鑑諺解)』(1756)와『명의록언해(明義錄諺解)』(1777~1778)를 중심으로 왕과 왕족에 관련된 어휘를 한문본과의 대조를 통하여 고찰하고 분석한 연구이다.

그러면 국어사전[35])에 실린 궁중어를 각각 나누어서 어떠한 것들이 있는지 알아보자.

---

34) 김종훈(1969:236)은 구체적 시기로, 고려 충렬왕이 원의 재국대장공주와 결혼한 이래, 고려의 왕은 요졸한 사람을 빼놓고는 다 원의 황실에서 배우자를 얻고 그 중에는 한 사람이 三女를 속취한 일도 있어서 전후 1세기 간에 몽고의 貴女 70인이 고려 궁중으로 들어오고, 私用人까지 많이 데리고 온 때를 제시하였다.
35) 1999년도 국립국어원에서 편찬한『표준국어대사전』을 일컫는다.

1. 궁중의 은어

1.1. 인체어와 그 관련어

①마리(머리[頭]), ②마리깔36)(머리카락), ③액상(額像)(이마), ④치37)(상투), ⑤안시(眼視) / 안정(眼精)(눈), ⑥안수(眼水)(눈물), ⑦안정섭(눈썹), ⑧안정알(눈알), ⑨비궁(鼻-)/鼻部(코), ⑩구중(口中)(입), ⑪이부(耳部)(귀), ⑫이부지(귀지), ⑬수장(手掌) / 수지(手指)(손), ⑭수지톱38)(손톱), ⑮족장(足掌)(발), ⑯족장가락(발가락), ⑰족장등(발등), ⑱족장톱(발톱), ⑲요부(腰部)(허리), ⑳도가시39)(볼깃살), ㉑둔상(臀上) / 둔상(臀像)(엉덩이)

인체어를 조사하면, 고유어보다는 한자어가 우세함을 알 수 있다. 위에 제시한 궁중어 중에서 고유어는 '마리, 마리깔, 치, 지, 톱, 등, 도가시' 뿐이다. 한편 각 기관에 '-部'를 붙여, '코, 허리, 귀' 등40)을 표현함으로 보아 목구멍은 '인부(咽部)', 치아는 '치부(齒部)' 등으로 불렀을 가능성이 높다. 또 이마를 '액상(額像)'으로, 엉덩이를 '둔상(臀像)'으로 불

---

36) 김용숙(1987:161)에 따르면, 머리카락의 궁중어로 '頭髮'도 있었음을 제시한다.
37) 가덕도에서 만들어 내는 탕건(宕巾)을 '가덕치(加德-)', 귀 앞에 난 잔머리카락을 '자분치', '변발'의 고어인 '호송치'라고 하는 것과 연관이 있는 듯하다.
38) 김용숙(1987:160)에 따르면, 『한중록』 165쪽에 '수조가 다 푸르오셔'라는 구절이 있어, '손톱'을 뜻하는 '수조(手爪)'가 있음을 밝히고 있다.
39) 소의 볼기에 붙은 고기를 일컫는 '도가니'와 비슷하다.
40) 김용숙(1987:160)에 따르면, 왕과 왕비의 다리를 '각부(脚部)'라 하였다는 기록도 있다. 안영희(1960:23)에는 '배[腹]'는 '복부(腹部)'라고 했다는 기록도 있다.

렀던 것처럼 인체의 평평한 부위는 '-像'을 붙였다. 바닥을 지닌 경우에는 '손'과 '발'의 궁중어 '手掌, 足掌'처럼 '-掌'을 붙였다.

이 외에 '낭지두(--頭)'는 '낭자머리'를 이르던 말이다. '낭지'는 '娘子'에서 온 것으로 子는 '지'로 흔히 나타난다. 이른바 음운의 이화에 해당된다. 이에 대해 김종훈(1969:238)은, '낭지'는 부녀자들의 쪽머리를 가리키는 '낭자'의 전성이며 '頭(마리)'는 '머리'의 궁중어라고 하였다.

다음으로 '대변'이나 '소변'을 이르던 말에 '매우'가 있다. 대소변을 일컫는 고어로 '몰'이 있는데, 궁중어 '매우'는 이와 연관된 것으로 보인다. 안영희(1960:129)는 궁중어 '매우'가 마유(馬癒)에서 'ㅣ'모음 역행동화에 의해 생성되었는지도 모른다고 추정하였다. '대변'을 이르던 또 다른 말로는 '매화'가 있다. '매화'는 일종의 미화(美化)현상에서 비롯된 것으로 보인다. 한편 김종훈(1969:238)은 한자어 '매우통(梅雨桶)'의 '梅'의 훈 '매화'라든가, 전라도 지방의 속어 '똥 싸고 매화타령한다.'라는 말에서 '매유'가 '매화'로 전성된 것임을 알 수 있다고 보았다.

1.2. 서술어

음식과 관련된 서술어로 '먹다'를 이르던 말에 '올리다'가 있었으며, '잡수다'를 이를 때는 '습시다(섭시다), 젓수다' 등이 있었다. 한편 무엇을 바쳐 올림을 이르던 말에는 '잡수오다'도 있었다.

또 어떤 행위를 지칭하는 한자어 명사에 각각 '-하다' 접미사가 붙어 서술어가 된 경우가 많이 있는데, 이들 서술어와 그 뜻을 함께 제시하면 다음과 같다.

① 산빙(散氷)하다(겨울에 저장한 얼음을 여름에 나누어 주다), ② 선온
(宣醞)하다(임금이 술을 내리다), ③ 입참(入參)하다(잔치에 참여하다),
④ 입배(入排)하다(도구를 차려 놓다), ⑤ 삼심(滲甚)하다(흘러나오다),
⑥ 지미(旨美)하다(맛을 보다), ⑦ 실조(失措)하다(실수하다)

위, 궁중어 중 '⑥ 지미(旨美)하다'는 김용숙(1987:165)의 주장처럼, '먼저
맛보다'를 뜻하는 '기미(旣味)하다'에서 유래한 것으로 보인다. 즉 '기미
하다'에서 와전에 의해 '지미하다'가 형성된 것으로 보인다. '⑦ 실조(失
措)하다'도 일상어 '실수(失手)하다'와의 유별성(有別性)을 위해 나타난 것
으로 본다면, 일종의 이화라 할 수 있다.

이 외에 고유어 계열의 서술어로 다음과 같은 어휘가 있다.

⑧ 애긋다 / 외긋다(애매하다), ⑨ 외오다(멀다), ⑩ 잡숫다(옷을 입다),
⑪ 잡시다(주무시다), ⑫ 갈다(깎다), ⑬ 모여오다(가져오다), ⑭ 수통하
다(흉하다), ⑮ 시우다(씻다)

'⑨ 외오다'는 '외지다'와 연관이 있어 보이며, 중간 음절 '-오-'를 넣
어 궁중어로 만들지 않았나 한다. 이처럼, 궁중어는 '-오 / 우-'가 용언에
서 가끔 나타나는데 궁중어의 한 특징이다. 앞서 제시한 '잡수오다'나,
'씻으신다'의 궁중어 '씻오신다', '편찮으시다'의 궁중어 '問安이 게오시
다' 등이 이와 연관이 있는 경우이다.[41] '⑭ 수통하다'의 경우는 한자어

가 아니라 고유어이다. '부끄럽고 분하다'는 의미의 '羞痛하다'가 있지만 이와는 의미차가 있다. '⑮ 시우다'의 '-우-'도 앞서 설명한 바처럼 궁중어의 한 특징이다.

1.3. 의복류 및 장신구 관련어

의복류의 궁중어는 실질형태소에 '겉, 속'과 같은 고유어계 접두사나 '單'과 같은 한자어계 접두사가 붙는 경우가 있다.

(1) 상의(上衣)

> ①고의(여자의 저고리), ②소고의(여자의 짧은 저고리)

원래 '고의'는 남자의 여름 홑바지로 한자를 빌려 '袴衣'로 적기도 한다. '고의'는 16세기부터 문헌에 나타난다42). '袴衣'는 15세기부터 보이는 고유어 'ㄱ외'와, 그 후대형인 '고외'를 한자로 적은 것이다. 따라서, '고의'는 '고쟁이'와 직접 관련은 없는 것으로 보이는 어형이다(국립국어원:2003).

---

41) 안영희(1960:56-57)가 제시한 동사 중에 '-오/우-'의 모습이 보이는 것으로, '감우시다(편지를 보신다), 드우신다(주무신다), 나오신다(깨신다), 허우셨습니까?(안녕히 주무셨습니까?), 보우신다(대변을 보신다), 오우신다(거동하신다), 잡수우신다(드신다), 감하오시다(보시다), 타우시다(타시다), 시우신다(씻으신다), 세수우신다(낯을 씻으신다)' 등이 있다.

42) 고의(袴)의 고대형은 'ㄱ빈'였다. 신라어에서 '袴'는 '柯半'로 표현하였다. 이는 에벤키 어의 'kupo(婦人外套)'와도 연관된 것으로 보인다(이기문(1981:102) 참조).

裩 고의 군 袴 고의 고 -『훈몽자회 중』, 1527, 11쪽 뒷면.
袴兒 고의 一云 袴子, 單袴 홋고의 -『역어유해 상』, 1690, 45쪽 뒷면.
고의 곤 褌 -『왜어유해 상』, 18세기, 45쪽 뒷면.
股衣 고의 簞袴 속것 -『광재물보』, 의복, 19세기, 3쪽 앞면.

그런데 '① 고의'는 본래의 의미와는 별개로 '궁중에서 여자가 입는 저고리'라는 의미로 전이하였다. '② 소고의'는 안영희(1960:26-27)에 따르면 왕비의 저고리인 경우는 '소고여 / 소고이'로 표현하였다고 하였다. '소'는 '小'에서 유래했을 가능성이 높다.

③ 긴의대(-衣襨)(소매가 좁고 긴 장옷), ④ 동의대(-衣襨)(저고리나 조끼), ⑤ 등의대(-衣襨)(저고리), ⑥ 세수의대(洗手衣襨)(왕, 왕비가 세수할 때의 옷), ⑦ 침소의대(寢所衣襨)(왕이나 왕비의 잠옷), ⑧ 의대장(衣襨欌)(옷장), ⑨ 의대차(衣襨次)(옷감)

'의복(衣服)'은 일반인의 옷을 뜻하지만 '의대(衣襨)'는 임금의 옷을 뜻하는 말이다. 김용숙(1987:161)에 따르면,『한중록』513쪽 '의디를 그르지 아니호시고'라는 구절처럼, '의디'로도 표현했다. 안영희(1960:24)는 '이대 / 王衣, 이대차 / 옷감'을 제시하였다. 이로 보아 당시 왕의 옷은 '의디, 의대, 이대, 이디' 등으로 표기하지 않았나 한다. 또 안영희(1960:117 -119)는 '이대'를 만주어 'etuku'의 접미사를 제외한 기본어 'etu'를 그대로 차용한 어휘로 본다. 한편 '④ 동의대'의 '동'은 조끼를 일컫는 한자어 '胴衣'에서 유래한 것으로 보인다.

⑩~⑬은 그 외에 상의를 일컫는 궁중어이다. '⑩ 강상포(--袍)'는 한자
어 '강상포(降上袍)' 또는 '강상포(康上袍)'에서 유래했을 가능성이 있다.
한편 '⑪ 고도'는 '袴/저고리'에 '襩/옷'이 결합한 한자어로 보인다. '⑫
한삼(汗衫)'은 일상어로 '윗옷 소매 끝에 흰 헝겊으로 길게 덧대는 소매'
를 일컫기도 하는데, 이 경우는 다의어로 의미가 확대된 경우이다. '⑬
야장의(夜長衣)'에서 원래 '長衣/장옷'은 '예전에 여자들이 나들이할 때
에 얼굴을 가리느라고 머리에서부터 길게 내려 쓰던 옷'이라는 뜻과
'무당이 굿할 때 입는 옷'이라는 두 가지 뜻이 있는데 이 경우는 후자의
뜻이 궁중어가 된 것으로 앞서 제시한 '의대(衣襨)'가 '무당이 굿할 때 입
는 옷'이 '임금의 옷'을 지칭하는 궁중어가 된 것과 유사하다.

(2) 하의(下衣)

'단여의, 속여의'가 속속곳을 뜻하는 것으로 미루어, '① 녀의'는 '女衣'
에서 온 말로 두음법칙이 실현되지 않은 형태이다. 한편 김용숙(1987:
162)은 왕비의 속치마는 '단니의(單裡衣)'라 하였고, 안영희(1960:27)는 이

를 '단녀이'라 하였다고 보고 있다.

> ④ 단봉지(임금이나 왕비의 홑바지), ⑤ 봉지(바지)

④~⑤는 '바지'를 일컫는 궁중어에 '봉지'가 있었음을 알 수 있다. '④ 단봉지'의 '단'은 한자 '單'에서 왔을 가능성이 높다.

(3) 갓

> ① 두면(갓), ② 두면(頭面)(갓)

'갓'을 일컫는 보편적인 궁중어는 '두면(頭面)'이었을 것이다. '① 두면'은 '頭面'이 와전(訛傳)된 경우로 보인다. 김종훈(1969:243)은 '頭面'을 '곳갈'의 뜻을 가진 중국어에서 차용한 것으로 본다. 이 외에 '구나(驅儺)를 할 때에 지군(持軍)과 판관(判官)이 쓰던 갓'으로 '화립(畵笠)'이 있다.

(4) 버선

> ① 足巾(버선), ② 겉족건(-足巾)(겉버선), ③ 속족건(-足件)(속버선)

'버선'을 지칭하는 궁중어는 '足巾'이었다. '③ 속족건(-足件)'에서 '足件'은 '족건(足巾)'의 또 다른 표기이다. 이 외에도 '누비어 지은 어린아이

의 버선'인 '오목다리'를 이르던 말에 '오목이'가 있는데 이는 음절의
생략에 해당한다.

(5) 장신구

'① 가자(茄子)'처럼 '子'가 제 음을 낼 때도 있지만, 허사일 때, 대체적
으로 '지'로 읽힌다. '娘子'를 '낭지'로 '瓦子'를 '와지'로 표현하는 경우가
그 예이다.

1.4. 음식

궁중어는 한자어가 절대 압도적이라 하겠는데 음식관계의 어휘에는
국어가 많이 사용되고 있다(안영희, 1960:124-125). 주로 고유어가 국의 새
료나 간식, 반찬 등에 나타난다.

(1) 밥 종류

1) 수라

'수라(水刺)'는 외래어로서의 국어화된 궁중어로(안영희,1960:125), 임금
에게 올리는 밥이다. 김용숙(1994:122)은 이 말이 여진어 '후루'가, '후루〉
후라〉수라'의 과정을 거친 것으로 본다.

‘수라’는 중세국어 문헌에 다음과 같이 ‘수라(水剌)로 나온다.

水剌 녜フ티 호신 後에아 − 『내훈언해 01』, 1573, 36쪽 뒷면.
水剌 셔실 제 모로매 − 『내훈언해 01』, 1573, 36쪽 뒷면.

이기문(1991:157)에서는 ‘수라(水剌)’에 대한 한자음 표기 ‘쉉랑’를 들어 ‘水剌’가 ‘슈라’[43]로 읽혔음을 밝혔다. 근대시기 문헌에도 다음과 같이 ‘슈라’로 나온다.

대뎐이 슈라롤 못 자시거눌 − 『서궁일기』, 17세기, 6쪽 앞면.
王季 슈라를 도로호신 後에아 − 『어제내훈 01』, 1737, 32쪽 뒷면.
슈라 나오기롤 슬희여 호오시고 − 『천의소감언해 02』, 1756, 4쪽 앞면.
슈라의 니르러논 근년이리로 − 『명의록언해 상』, 1777~1778, 41쪽 뒷면.

‘슈라’는 다음과 같이 19세기와 20세기 초까지 쓰이는데, 단모음화된 형태인 ‘수라’와 혼용되면서 현대에 이르러서는 ‘수라’가 득세한 것으로 보인다.

외슈라롤 출히눈더 − 『한중록』, 19세기, 450쪽.
됴셕 슈라의 찬품 서너 그랏 − 『한중록』, 19세기, 512쪽.

---

43) 이 ‘슈라’에 대해 이기문(1991:156-159)에서는 ‘湯’을 뜻하는 몽골 어 ‘šülen’에서 차용된 말로 보고 있다. ‘šülen’에서 제1음절의 ‘šü’가 ‘슈’가 된 것은 중세몽골 어의 ‘ü’가 ‘우’로 되는 규칙에 맞는 것이고, 어말의 ‘-n’의 탈락은 몽골 어 자체로 보아 조금도 문제되지 않으며, ‘e’가 ‘어’로 나타나지 않고 ‘아’로 나타난 것은 모음조화에는 어긋나지만 ‘절다(je'erde)’에서 보듯 ‘e’가 ‘아’로 나타나는 예가 있어 크게 문제되지 않는 것으로 보고 ‘šülen’이 ‘슈라’로 굳어질 수 있음을 언급하고 있다(국립국어원:2003 재인용).

수라상水刺牀 － 『국한회어』, 1895, 187쪽.
슈라 － 『조선어사전』, 1920, 518쪽.
수라 － 『조선어사전』, 1938, 842쪽.

'수라'는 생산성이 뛰어나, '낮곁수라(--水刺)(곁두리), 낮수라(-水刺)(점심), 흰수라(-水刺)(흰밥), 오곡수라(五穀水刺)(오곡밥), 팥수라(-水刺)(팥을 섞어 지은 밥)' 등처럼 흔하게 나타난다.

'밥'을 일컫는 또 다른 궁중어가 바로 '메'이다. 안영희(1960:129-130)에서 '메'는 궁중어에서 '제사에 드리는 밥'과 '궁녀들 간의 먹는 밥'을 뜻하는 두 가지 의미가 있었다. 즉, 임금께 드리는 진지는 '수라', 궁녀가 먹는 밥은 '메'라 하여 서로 차이를 두어 표현하였다.

이 외에도 밥 종류를 일컫는 궁중어에 다음과 같은 것들이 있었다.

> ① 갱반(羹飯)(국과 밥), ② 아담(夜餤) / 아참(夜-)(밤참), ③ 초조반(初早飯)(아침밥), ④ 구렁쌀(구렁찰)

'② 야참(夜-)'에서 '참'은 '길참, 낮참, 막참, 물참, 새참, 밤참, 한참' 등처럼 '때'나 '끼니 때'를 나타내는 한자어 '站'에서 유래한 고유어 의존명사이다. '③ 초조반(初早飯)'은 일상어인 '조반(早飯)'과 유별성(有別性)을 두기 위해 '初'를 어두에 붙인 경우이며, '④ 구렁쌀'은 형성 방식 중 음운의 이화이다.

(2) 국 종류

 백성들의 '국'과 차별을 두기 위해 궁중에서는 '국'을 '탕'이라 불렀다. '탕'을 뜻하는 몽골 어 'sülen'이 '수라'의 어원이 되었다면, 국을 뜻하는 '탕'은 한자 '湯'에서 유래한 것이다. 궁중어에서 국의 재료는 대체로 고유어 계통이다.

> ①소루쟁이탕(봄나물 국), ②심검치탕(시금칫국), ③오탕(五湯)(소탕, 육탕, 어탕, 봉탕, 잡탕의 다섯 가지 탕), ④조탕(미역국), ⑤줄알탕(계란탕), ⑥콩나물탕(콩나물국)

 '① 소루쟁이탕'에서, 원래 '소루쟁이'는 여뀟과의 여러해살이풀로, 특정한 봄나물을 지칭하는 말이지만, 궁중어가 되면서 봄나물 전체를 뜻하는 의미로 확대되었다. '② 심검치탕'은 일상어와의 유별성(有別性)을 표시한 것으로 음운의 이화에 해당하며, '④ 조탕'에서 '조'는 기원적으로 바닷말을 뜻하는 '藻'에서 유래한 것으로 보인다. 한편 김용숙(1987:162), 안영희(1960:52)는 '미역국'을 궁중어로 '곽탕(藿湯)'이라고도 했음을 제시한다. 안영희(1960:33)를 참고하면, '미역'의 궁중어는 '감곽(甘藿)'이다. '⑤ 줄알탕'은 '계란꾸러미'에서 유래하여 '줄알'이라는 말이 나오지 않았나 한다.

(3) 간식류

'① 간정'은 형성 방식 중 음운의 이화에 해당한다. 이에 대해 김종훈(1969:238)은 '강정(江丁), 양정(羔飣), 강정(强精)' 등에서 취음(取音)된 '강정'의 전성으로 보았다.

(4) 반찬류

위 궁중어는 기름과 연관된 지짐 종류의 반찬들이다. '① 너비구이'에서 '너비'는 '널리'의 고어와 무관하다. 김용숙(1987:162)은 불고기를 지칭하는 궁중어로 '너비아니구이'가 있었다고 한다. 이를 참고할 때 '너비구이'는 음절의 생략이다. '③ 양전유아(胖煎油兒)'에서 '胖'은 재료일 뿐이고, '전유아'가 일상어 '저냐'를 궁중식으로 표현한 경우인데, '저냐'는 한자어로 '전유어(煎油魚), 전유화(煎油花)'라고도 한다. 이 중 '전유화(煎油花)'가 와전되어 '전유아(煎油兒)'로 된 경우이다. '⑤ 호두튀각'은 음

---

44) '오탕'이 국 종류에 있듯 궁중에서는 '오(五)'를 가짓수에 많이 사용했던 숫자로 보인다.

운의 이화에 해당하는 것으로, '튀각'은 경기, 경북, 충남에서 '튀김'의
방언으로 쓰인다.

이 외에 궁중의 반찬들은 다음과 같다.

⑥ 송송이(깍두기), ⑦ 조리니 / 조리개(조림), ⑧ 춘반(春盤)(입춘 때, 햇나물 음식), ⑨ 피백자(皮柏子)(겉잣[45])

위 궁중어 중 '⑥ 송송이'에 대해 안영희(1960:124-125)는 '깍두기'를
'송송이'라고 한 것은 궁중에서 독창적인 어(語)로, '깍두기'가 '깍뚝깍뚝
썰다'의 부사 '깍뚝'이 명사가 되듯 '송송이'도 '송송 썰다'의 부사가 명사
화되었다고 보았다. 그럴듯한 주장이다. '⑦ 조리니 / 조리개'는 일상어
'조림'과 유별성(有別性)을 두기 위해 표현한 말로 음운의 이화에 해당한
다. '⑨ 피백자(皮柏子)'는 고유어 '겉잣'을 한자어로 표현한 경우이다.

(5) 후식류

① 다(숭늉), ② 청(淸)(꿀)

위 궁중어 중 '① 다'는 한자 '茶'에서 유래한 것으로 보인다. '② 청(淸)'

---

45) 껍질을 벗겨 내지 않은 잣. 그런데 안영희(1960:40)는 '겉잣'을 궁중어라 제시하
였다.

에 대해, 안영희(1960:35)는 '꿀'의 궁중어가 '생청(生淸)'이라 하였다. 본래 '淸'은 '강청(强淸)46), 백청(白淸)47), 산청(山淸), 생청(生淸), 석청(石淸), 숙청(熟淸)48), 유자청(柚子淸)' 등처럼 '꿀'을 일컫는 한자어로 흔히 사용한다.

(6) 기타 종류

> ① 별선(別膳)(특별히 만든 음식), ② 퇴선(退膳)(수라상에서 물려 낸 음식), ③ 월선(月膳)(반찬거리로 매달 1일과 15일에 바치던 물품)

위 궁중어는 '-膳'형으로 원래 '膳'은 '반찬(을 들이다)'이라는 의미가 있다. 따라서 한자어로 표현하여 유별성(有別性)을 표시한 경우이다.

> ④ 무회주(無花酒) / 무회주(無灰酒),
> ⑤ 선온(宣醞)(임금이 술을 내리던 일)

위 궁중어는 술(酒)과 관련된 것들이다. 그 중 '④ 무회주'는 음운의 이화에 해당한다.

> ⑥ 내공미(內供米)(궁중에 공급하던 쌀), ⑦ 태말(太末)(콩가루)

---

46) 되게 곤 조청
47) 빛깔이 희고 품질이 좋은 꿀
48) 찌끼를 없앤 맑은 꿀

위 궁중어 중 '⑥ 내공미(內供米)'의 內는 궁궐 안임을 표시하며, '⑦ 태말(太末)'의 '태'는 '콩'을, '말'은 '가루'를 뜻하는 경우이다.

'太'는 일반적으로 콩을 지칭하는 데 흔히 쓰인다.

근태(根太)(그루콩), 녹태(祿太)(녹봉으로 주던 콩), 마태(馬太)(말먹이 콩), 서목태(鼠目太)(여우콩), 세태(稅太), 위태(位太)(전세(田稅) 대신의 콩), 유태(油太)(기름콩), 장태(醬太), 진태(陳太)(묵은 콩), 청태(靑太), 포태(泡太)(두부콩), 하지태(夏至太), 화태(火太), 흑태(火太)

다음은 末이 '가루'의 의미로 쓰인 경우이다.

녹말(綠末), 계말(桂末)(계핏가루), 골탄말(骨炭末)(골탄을 빻은 가루), 극세말(極細末), 두말(頭末)(맨 처음에 나온 가루), 목말(木末)(메밀가루), 백자말(柏子末), 송말(松末), 양진말(洋眞末)(양밀가루), 용담말(龍膽末), 작말(作末), 진말(眞末)(밀가루), 천초말(川椒末)(조핏가루), 추말(麤末), 호초말(胡椒末)

2. 사물

2.1. 옷 관련 사물

'신(鞋)'을 이르던 말에 '치'가 있다. 뒤쪽의 끝 부분을 '뒷발치', 신이나 양말 따위의 발뒤꿈치가 닿는 부분을 '뒤꿈치', 거칠게 삼은 미투리를 '절치'라 하는데 이와 연관이 있어 보인다. 앞서 제시한 인체어 '상투:치'와는 동음이의어이다. 한편 '신'을 일컫는 다른 말인 '삽혜(靸鞋)'는

왕이나 왕세자 등이 신던 것으로 가죽이나 풀을 엮어 만들고 뒤축 울
이 없다고 한다.

다음은 수건을 지칭하는 여러 가지 말들이다.

①수긴(수건), ②수파(手帕)(부녀자들의 손수건), ③휘건(揮巾)(음식
먹을 때 무릎 위에 펴던 수건)

'① 수긴'은 형성 방식 중 음운의 이화로, 본래 '수건(手巾)'에서 유래
한 것으로 보인다. 김종훈(1969:243)은 '수긴-手巾'을 근세 중국어의 직접
차용 어사로 보고, 황경환(1963:282)은 '수긴'을 手巾의 중국 발음으로 본
다. 참고로 수건의 중국어 발음은 'shou-jin'이다.

2.2. 음식 관련 사물

①곁반(-盤)(수라상에 곁들이던 상), ②사우반(四隅盤)(정사각형인 소
반), ③족반(足盤)(굽 있는 소반), ④원반(元盤) / 원반(原盤)(임금이 먹
는 음식상)

작은 상을 뜻하는 경우에 '-반(盤)'을 썼다. '① 곁반(-盤)'에서 '곁'은 곁
에 딸렸거나 거기서 갈려 나왔음을 뜻하는 접두사이다.

위 궁중어는 음식상이나 밥상을 일컬을 때 '-상(床)'을 쓴 경우이다. ⑥과 ⑦은 남자인 임금은 '바깥'으로, 여자인 대비, 왕비, 공주, 옹주들은 '안'으로 표현한 경우이다.

'⑧ 손널'에 대해, 안영희(1960:125)는 칼도마를 '손널'이라고 한 것은 '手板' 즉, 널판에서 손질을 한다는 것으로 매우 재미있는 어휘라고 하였다. 대체로 한자어로 표현하는 것이 궁중어의 일반적인 성향인데, 이 단어의 경우는 고유어를 궁중어로 사용한 특이한 모습이다. '⑨ 자'의 경우는 '국자'를 '자'로 표현한 것으로 음절의 생략에 해당한다.

그런데 고문헌에 '쟈(杓)'가 등장한다. 후대의 백성들도 '국자'를 지칭하는 말로 간혹 쓴 바 있다.

혼 쟛 촌 물(一杓冷水) － 『사법어5-6』, 1467.
杓 勺升 쟈 구기 － 『물보』, 주식 편, 18세기.

다음은 그릇과 관련된 궁중어이다.

'⑪ 와지항'의 '와지'는 한자어 '瓦子'에서 유래한 것으로 보인다. '瓦'의
뜻에 '질그릇'이 있으며, '子'는 '지'를 흔히 나타내는 허사이다. '⑫ 조롱
병(--甁)'에서 '조롱'은 '어린아이들이 액막이로 나무를 밤톨만 하게 호리
병 모양을 만들어 끈을 매고 끝에 엽전을 단 것'이라 한다. 호리병을 '조
롱병'이라 하는 것은 '조롱'이 호리병 모양인 점에서 유래한 단어로 보인
다. '⑬ 지렁종라'에서 '지렁'은 '간장'을 뜻하는 방언인데 '간장'은 강원도
와 충북방언으로 '지렁물', 강원도와 함경도 방언으로 '지렁', 경상도 방
언으로 '지렁장'이라고 한다. 이들 방언과 연관이 있는 궁중어이다.

다음은 기타 음식과 관련된 사물을 지칭하는 궁중어이다.

'⑯ 장꼬(醬庫)'의 경우는 '庫'가 경음화되었으며, '⑰ 발궤(-櫃)'에 대해
김종훈(1969:238)은 두주大王(사도세자) 사건 이후부터 '두주'를 '발궤'라 했
다고 제시하였다. '⑱ 후물리'는 '후(後)+무르-+-이'로 형태소 분석이 가

능하다. '⑲ 매화틀'에 대해 안영희(1960:128)는 '매화틀'은 일종의 은어로서, '분(糞)'이나 '뇨(尿)'의 어감이 좋지 않으니까 '매화(梅花)틀'로서 언어미화의 심리로 생성된 말이라 하였다.

2.3. 주거 관련 사물

①계수 / 기수(이불), ②요석(-席)(요), ③프디(요)

'② 요석'은 '요'라는 고유어에 '자리'를 뜻하는 한자 '席'의 합성어로서 음절의 첨가에 해당한다. '③ 프디'는 '프디 / 푸디 / 프지 / 푸지' 등으로도 나타나는데, 이에 대해 장태진(2004:254)은 이들이 '포지'에서 온 것으로 보고, '포지'는 '포단〉*포단지〉포지'와 같이, 타부의 접미어 '-지'의 결합으로, 그 발음이 '여음(女陰)'을 뜻하는 말과 유사하여 '포지〉포디'와 같이 부정회귀를 취한 것으로 보았다. 이 주장에 근거하면 '포단(布緞)'에 접미사 '-지'가 붙어 형성되었다고 볼 수 있다.

④계숫잇(이불에 시치는 잇), ⑤기숫잇(금침을 덮는 흰 보자기), ⑥푸짓잇(이불잇), ⑦프딧잇(욧잇)

위 궁중어는 거죽을 싸는 천 '잇'에 관련된 것들이다. '⑤ 기숫잇'에 대해, '잇'을 안영희(1960:137)는 '깃'의 'ㄱ'이 유성음 사이에서 탈락된 것으로 본다.

‘⑧ 핫금(-衾)’에서 ‘핫-’은 ‘솜을 둔’의 뜻을 더하는 접두사로 ‘핫것, 핫바지, 핫옷, 핫이불’ 등이 있다. ‘⑨ 홑금(-衾)’의 ‘홑-’도 ‘한 겹으로 된’ 또는 ‘하나인, 혼자인’의 뜻을 더하는 접두사로, ‘홑바지, 홑옷, 홑이불, 홑몸’ 등이 있다.

이 외에 주거와 관련된 사물을 지칭하는 궁중어로 다음과 같은 것들이 있다.

‘⑪ 고량’에 대해 김종훈(1969:238)은 ‘고량’이 ‘곶랑(串廊)’, ‘고랑(庫廊)’에서 전화(轉化)했다는 설이 있으나 그보다도 전라, 경상 방언인 ‘골방’과 평북 지방의 방언 ‘골간(庫間)’과 같이 ‘골랑’에서 전성된 것으로 보았다. 물시계를 ‘각루(刻漏)’, 밤 동안의 시간을 알리는 데 쓰던 물시계를 ‘경루(更漏)’, 궁중의 물시계를 ‘궁루(宮漏)’, 모래시계를 ‘사루(沙漏) / 사루(砂漏)’, 밤의 물시계를 ‘야루(夜漏)’ 등이라 하는 것처럼, ‘루(漏)’는 시계를 지칭하는 한자이다. ‘⑫ 궁루(宮漏) / 금루(禁漏)’도 그와 연관된 것이다. ‘⑬ 세간방(世間房)’은 고유어 ‘마루’를 한자어로 표현한 것이며 ‘⑭ 무렴자(-簾

子'는 일상어 '문염자'를 유별성(有別性)을 두기 위해 표현한 것으로 음
운의 이화가 적용된 경우이고, ⑮ 밭집'은 '바깥집'에서 유래한 말이다.

2.4. 기타 사물

위 궁중어는 '대야'를 어느 부위를 씻을 때 쓰느냐에 따라 그 지칭어
가 다름을 나타내는 경우이다. '② 후수대야(後水--)'의 '후수(後水)'는 '뒷
물'을 한자어로 표현한 경우이다.

'지'에 대해서 안영희(1960:129)는 궁중어에서 '뇨(尿)'를 '지'라 하는데
이 말도 은유적인 말이라 하면서 평안도 방언에서 '尿'를 '띠' 또는 '찌'
라고 하는 것과 현대어에서 '더러운 것'을 일컫는 유아어 '지지'를 근거
로 제시한다.

현대어에서도 '-지'는 오물을 일컫는 경우에 종종 쓴다. '고름'의 함
남 방언 '고롬지', '곰팡이'의 함남 방언 '곰지', 귓구멍 속의 오물 '귀지',
'눈곱'의 강원 방언 '눈곱지', '더께'의 잘못된 표현인 '덕지', 심마니들의
은어로 '똥'을 일컫는 '되나지', '비듬'의 충북 방언 '비지' 등이 바로 그

예들이다. 한편 마지막의 '⑥ 혼병'은 한자어로 '변기'의 일종이다.

3. 행위

3.1. 일

①구나(驅儺)(세말, 역귀를 쫓던 일), ②수부수(양치질), ③야직(夜直)(숙직), ④의대반사(衣襨頒賜)(왕, 왕비가 입은 옷을 신하, 나인들에게 주던 일), ⑤좌경(坐更)(밤 경비), ⑥행소(行素)(고기나 생선 없이 먹는 밥), ⑦현벌(懸罰)(손을 묶어 나무에 매달던 형벌), ⑧잔자비(자질구레한 일을 맡은 차비), ⑨전어(傳語)(통역)

'② 수부수'는 '순부수(脣部水)'라는 한자어가 그 근원이라 생각한다. 음운의 이화에 해당된다. '⑧ 잔자비'도 원래 '잔+차비(差備)'이었던 것이 일종의 음운의 이화로 형성된 단어로 보인다.

3.2. 여가

①가매(假寐)(낮잠), ②경술대경(慶術大慶)(큰 잔치), ③곡연(曲宴)(가까운 이에게 베풀던 소연(小宴)), ④관화(觀火)(불꽃놀이)

위 궁중어는 여가와 관련된 것들로 모두 한자어이다.

3.3. 기타

이 외에 '행위'와 관련된 궁중어로는 다음과 같은 것들이 있다.

위 궁중어 중 '① 다령'은 '대령(待令)'을 달리 표현한 것으로 음운의
이화에 해당한다.

4. 호칭

호칭어 연구는 그동안 안영희(1960), 김용숙(1987, 1994), 홍은진(1995) 등
과 같은 심도 있는 결과물이 있다. 따라서 호칭어 중 중요한 몇 가지
사항만 다루기로 한다.

4.1. 마마

한자어로는 '媽媽'로 중국어에서 들어온 말이다. 대체로 2인칭일 경
우에는 그냥 '마마'로 불렀으며 3인칭으로 사용될 경우에는 대상 지칭
어 다음에 연이어 붙인다(김용숙, 1987:91). 이 단어는 주로 세자 이상의
왕족을 지칭하는 용어로 쓰이다가 후에는 상궁까지도 붙여진 지칭어

였다. '마마'의 사용이 절도 없이 혼란을 빚게 된 것은 8·15 광복 후 왕족이라는 신분제도가 없어짐에 따라 칭호가 사라진 후부터라 한다(김용숙, 1987:93).

안영희(1960:117)는 '마마'에 대하여, 중국어 'mama'는 '娘娘'로 표기하여 '母'를 존칭하는 것인데 이러한 중국어의 존칭 '媽媽'를 차용한 것이거나, 만주어의 복신(福神)인 'mama'에서 차용한 것일지도 모른다고 하였다. 굳이 이상의 의견을 참고하지 않아도 그 의미나 음상(音像)으로 보아 '마마'는 중국어 '媽媽[mama]'에서 왔을 가능성이 높다.

한편 상궁은 '마마'라 하지 않고 '마마님'이라 하였으며 세자빈은 '마누라'라 하였다.

'마마'는 각각 다음과 같은 경우에 쓰였다.

①아바마마(--媽媽), ②어마마마(--媽媽), ③동마마(東媽媽)(황태자), ④자게마마(--媽媽)(출가한 공주나 옹주), ⑤장꼬 마마(醬庫 媽媽)(장독대 옆에 집 짓고 장을 지키는 주방 상궁)

'③ 동마마(東媽媽)'는 황태자나 왕세자가 궁궐의 동쪽에 기거하기 때문에 생긴 것이다. '④ 자게마마(--媽媽)'와 달리 궁중에서 출가한 공주를 이르던 말에 '공주자개(公主--)'도 있다. 公主를 일컫는 '자가 / 자갸 / 자개 / 자게'는 왕의 후궁에게도 쓰였다고 한다(김용숙, 1987:92). 김종훈(1969:242)은 '자게'가 현대어의 존칭 '당신'에 해당되는 중세국어 'ᄌᆞ갸(自家)'

에서 전성된 것으로 보았다. 김용숙(1987:100)은 '자갸'가 '自家'에서 나온 말로 귀한 신분의 여인의 존칭이었던 것이 '家'의 동국정운식 발음으로 단모음화된 것이며, 이것이 '자개'로 변하고 다시 양성모음의 약화로 '자게'로 바뀐 것이라 하였다. 황경환(1963:286)은 '자갸'를 '자가(慈駕)'라 는 한자어로 본다. 그런데 '자갸'는 '自己'를 예스럽게 조금 높여 이르는 말로 요즘에도 쓰이는 것으로 '自家'에서 왔을 가능성이 높다.

　궁중어의 호칭어에 '비빙'이 있다. '비빈(妃嬪)'을 이르던 말이다. 궁중 어의 형성 방식 중 음운의 이화에 해당한다. 원래 嬪은 고음이 '빙'이 다. '嬪 빗 빙 －『훈몽자회 중』, 1527, 1쪽 앞면'이 그 근거이다. 이러한 사실 은 홍은진(1995:52)에도 제시한 바 있다.

4.2. 궁녀 지칭어

　'나인'은 '內人'에서 유래한 것이다. 한자어 '內'는 통상 궁중을 상징한 다. 따라서 '內人'은 궁중의 사람이라는 뜻으로 대전, 내전을 가까이 모 시는 시녀, 무수리, 후궁들을 통틀어 이르는 말이다. 여기에서 변천 과 정을 통해 '나인'으로 굳어진 경우다.

　'ㆎ' 혹은 'ㅐ'가 하향 이중모음이었던 시기에 '닉인〉(*ㄴ인)〉나인'의 변화를 겪었으리라고 추정되며, 그 이유는 'ㅐ'의 반모음 'ㅣ'와 제2음 절 모음 'ㅣ'의 조음적 특성이 비슷했기 때문이었을 것이다(국립국어원: 2003).

　그럼 시대순으로 '나인'의 변천 과정을 문헌을 중심으로 살펴보자.

〈너인〉

머글 사롬이나 왕너인이나 모드니 고이타 — 『병자기』, 1636, 176쪽.

션왕 마노라는 웃뎐 너인이 가면 — 『서궁일기』, 17세기, 9쪽 뒷면.

샹검이 요악훈 너인 필덩으로 더브로 — 『천의소감언해 2』, 1756,
43쪽 뒷면.

금희 비야흐로 너인이 되여시므로 — 『속명의 1』, 1778, 13쪽 앞면.

〈내인, 너인, 나인〉

내인 內人 — 『한불자전』, 1880, 261쪽.

너인 內人 — 『한불자전』, 1880, 271쪽.

나인 內人宮女 待女 — 『국한회어』, 1895, 55쪽.

내인 內人 宮女也 — 『국한회어』, 1895, 58쪽.

무술리 腋婢 內人之下人 — 『국한회어』, 1895, 121쪽.

후궁 後宮 內人 — 『국한회어』, 1895, 363쪽.

宮女 너인 — 『광재물보』, 서류, 19세기, 1쪽 뒷면.

그 너인이 달너여 벗겨 — 『한중록』, 19세기, 22쪽.

(1) '-나인'류

'지밀나인(至密--)'은 지밀[49]에서 임금과 왕비를 모시던 궁녀를, '벗나인'은 한방에 거처하는 같은 또래의 나인을 이르던 말이다. '처소나인(處所--)'은 궁중의 육처소에 속한 나인을, '도청나인(都廳--)'은 침방이나 수방에서 일 보는 나인을 통틀어 이르던 말이었다. 한편 편지를 전하는 나인을 일컬어 '색장나인(色掌--) / 色常 / 빗장나인'이라 불렀다.

---

49) 지극히 은밀하고 비밀스럽다는 뜻에서, 임금이 늘 거처하던 곳을 이르던 말

(2) 기타류

상궁이 되기 전의 어린 궁녀를 이르던 말에 '항아(姮娥) / 항아님(姮娥-)'
이 있다. 또 늙은 상궁은 '스승항아님(--姮娥-)'이라 하는데, 안영희(1960:
135-136)는 「두시언해」와 「정속언해」의 기록을 참고로 '스승'이 '巫'이었
으며, 후대에 '巫'에서 '師'으로 단어 뜻이 전성되었다고 보고 '항아(姮娥)'
는 달 속에 있다고 하는 선녀의 이름으로서 높이는 마음에서 부르는
이름이라 하였다.

통칭 궁녀를 '나인'이라고 하지만, 그렇지 않은 경우도 있다. 바로
'방각시(房--)'가 그것이다. 노성(老成)한 상궁과 함께 지내며 가르침을
받는 어린 나인을 일컫는다. 어린 나인을 '항아 / 항아님, 방각시' 등이
라 호칭한 사실로 미루어 '나인'은 성년 이후의 궁녀를 지칭하는 것이
아닌가 한다.

4.3. 궁녀 외의 사람들

> ① 궁비(宮婢)(계집종), ② 궁아(宮兒) / 궁동(宮童)(심부름하던 아이),
> ③ 궁위(宮衛)(수위)

위 궁중어는 궁중의 사람임을 표현하기 위해 '宮'을 앞에 두어 표시
한 경우이다.

> ④ 기공(妓工)(가무하는 창기와 남악인), ⑤ 반공(飯工)(음식 만드는 사람)

앞의 궁중어는 궁내에서 장인(匠人)의 역할을 하는 사람에게 '-工'을
붙인 경우이다.

위 궁중어는 막일을 하는 사람을 일컬을 때 '-手'를 붙인 경우이다.
안영희(1960:9-10)를 참고하면 '-수'는 이 외에도 '실탄수(失炭手)(불 때는
사람)'가 더 있다.

현대어에서도 전선 등을 공중에 건너지르는 일을 하는 사람을 '가선
수(架線手)', 노래 부르는 것이 직업인 사람을 '가수(歌手)', 사격 적중 여
부를 알려 주는 병사를 '감적수(監的手)'라 하며, 일상에서 흔히 쓰는 '목
수, 운전수, 소방수, 조타수' 등처럼 '-手'는 종사하는 사람을 지칭하는
접미사로 흔히 쓰인다.

위 궁중어는 내인이 아닌 궁 밖 사람으로 궁궐 안의 일을 돕던 역할
을 했던 경우이다.

위 궁중어는 그 외 사람들을 가리키는 말들이다. 그 중 '⑪ 무수리[50]'는 이두로, '水賜伊' 또는 '水賜'에서 왔다.

水賜伊무수리○官房使喚之女人也 ―『이두편람』, 19세기.
水賜卽出入掖庭之婢屬也今稱무스리 ―『고금석림27』, 1789.

⑫와 ⑬의 '宦'은 벼슬아치를 일컫는 한자로 궁중에서 일하는 직업임을 은연중에 나타내는 경우로 보인다.

이 외에 궁중의 일과 관련된 일을 하던 사람들을 지칭하는 말로 다음과 같은 것들이 있다.

---

50) 김용숙(1994:123)은 몽골 어에서 유래한 것으로 보고, 몽골 어로 '무수'는 처녀를 지칭하며 그 근거 자료로 『몽어유해』를 제시한다.

㉕ 액속(掖屬)(궂은일을 맡던 사람), ㉖ 어매(御妹)(임금의 누이), ㉗ 여령(女伶)(가무하던 여자), ㉘ 이발원(理髮員)(머리털 깎는 사람), ㉙ 전악지관(典樂之官)(음악을 맡던 벼슬), ㉚ 창솔(倡率)(구나(驅儺) 시 주문 외던 사람), ㉛ 포장(泡匠)(두부 만드는 사람), ㉜ 화초직거(花草職居)(꽃 심는 사람), ㉝ 사장(士長)(내시 감독자), ㉞ 사적(물품 구입자)

'㉠ 다색(茶色)'을 '다빗'으로 표현하는 것은 '色'의 몽골 문어 'bicigeci / biciyeci(문관, 서리)'와 연관이 있다(김동소, 1998:167). '㉢ 대군겯(大君-)'의 '겯'은 왕세자에 딸린 사람의 뜻으로 쓰인 명사이다. '㉞ 사적'은 고유어로 한자어 '사장(士長)'이나 '사악수(司樂手)'을 참고할 때, '사적(士積)' 또는 '사적(司積)'일 가능성이 높다.

5. 장소

① 내전주방(內殿廚房)(음식을 만들던 곳), ② 서답방(--房)(빨래터), ③ 소주방(燒廚房)(대궐 안, 음식 만들던 곳), ④ 외주방(外廚房)(음식을 장만하던 곳), ⑤ 침방(針房)(바느질하던 곳), ⑥ 안소주방(-燒廚房)(조석 수라를 장만하던 곳)

위 궁중어는 장소를 표시하는 곳 '-방(房)'을 사용한 경우이다. 안영희

(1960:11-13)를 참고하면 '-방'은 이 외에도 '장방(長房)(왕의 서재), 춘계방(春桂房)(왕세자가 공부하는 방), 세간방(世間房)(마루), 찬방(饌房)(부엌), 생과방(生菓房)(과실방), 수방(繡房)(수 놓는 방), 세탁방(洗濯房)(세탁방)' 등이 더 있다. '② 서답방(--房)'의 '서답'은 천천히 밟아서 빨래를 한다는 뜻으로 한자어 '서답(徐踏)'에서 나왔을 가능성이 있다.

이상 국어사전에 실린 궁중어를 알아보았다. 1999년 국립국어원에서 발간한 『표준국어대사전』에 실린 궁중어 중 총 211어휘를 대상으로 살펴본 바, 전체의 50.2%에 해당하는 106어휘가 한자어이었으며 고유어가 56어휘로 26.5%를 차지하였다. 22.3%에 해당하는 47개의 어휘는 고유어와 한자어가 결합된 복합어이었다. 따라서 궁중어는 비록 그 출현 계기가 몽골 어 차용에서 비롯되었지만 시간이 지나면서 오염된 세속어로부터 탈피하고 신성화를 꾀하기 위해 유별성(有別性) 차원에서 한자어 위주로 형성되지 않았나 한다.

다음으로 궁중어는 그 형성 과정에 따라 다음과 같이 나눠서 정리할 수 있다.

음절의 생략	오목이(《오목다리), 너비구이(《너비아니구이), 자(《국자)
음운의 이화	낭지두(--頭)(《낭자머리), 호두튀각(《호두튀김), 조리니 / 조리개(《조림), 구렁쌀(《구렁찰), 심검치탕(《시금칫국), 무화주(《무회주), 수간(《수건), 무렴자(《문염자), 수부수(《脣部水), 다령(《대령), 비빙(《비빈), 잔자비(《잔차비), 간정(《강정)

와전	지미(旨美)하다(〈기미(飢味)하다), 두면(〈두면(頭面)), 나인(〈내인(內人)), 양전유아(胖煎油兒)(〈양전유화(胖煎油花))
음절의 첨가	요석(〈요)
이두	무수리(水賜伊)
의미 확대	소루쟁이탕
의미 전이	고의(남자의 홑바지〉궁중녀의 저고리)

위에 제시한 바와 같이 궁중어의 일부분은 일정한 형성과정을 거치는데, 음운의 이화에 의한 것이 가장 많은 편이고 와전이나 음절의 생략 등이 다음으로 많음을 알 수 있다. 음운의 이화는 어휘 중에서 한두 음절만 바꿔도 쉬이 만들 수 있는 편의성과 경제성에 비롯한 경우이고, 음절의 생략 또한 한두 음절만 생략함으로써 유별성을 지닌 새어휘를 만늘 수 있는 경우이다. 결국 음운의 이화나 음설의 생략 등은 최소의 노력으로 새로운 어휘를 탄생시킬 수 있는 경제성과 편의성이 연관된 것이다.

제 2 부
우리말의 세계

제 1 장

20세기 후반 대중가요 노랫말의 오용 실태

　노래의 출현은 아마 언어의 탄생과 시대를 같이했을 것이다. 물론 그 초기에는 일종의 콧노래나 흥얼거림이 주가 되었을 것이지만, 시간이 지나면서 점점 노래는 정형화된 모습을 갖추고 또 일정한 형식을 마련했을 것이다. 노래는 문자의 발명과 인쇄술의 발달로 말미암아 비약적인 발전을 한다. 이로써 현재는 우리 일상생활에서 떼어놓을 수 없을 정도로 대중화가 이루어졌다. 이러한 노래들 중에 유독 일반 대중의 입에 자주 오르내리는 것이 있었는데, 이것이 바로 대중가요이다. 대중가요(大衆歌謠)란 널리 대중이 즐겨 부르는 노래로 일명 통속가요(通俗歌謠)라 일컫기도 하지만, 통속가요라는 명칭은 예술적 가치를 주관적으로 따져 일컫는 말이다.

　이러한 대중가요는 발전을 거듭하면서 일정한 특성을 지니게 된다.

우선 문학적 요소, 특히 시적 요소가 강하다는 것이다. 시에서 흔히 사용하는 기법인 압축, 생략, 함축적 의미, 운율 등을 주로 사용하며 이러한 요소들이 가창의 과정에서 자연스럽게 발현될 수 있도록 다듬는다. 이를 위해 부드러운 발성을 중시하는 것이 중요한 특성 중의 하나이다.

가수는 작사가의 노랫말을 내면화하여 감정을 실은 채 대중에게 곡을 선사한다. 대중가요 노랫말의 힘이란 참으로 위대하다. 새로운 어휘를 전파해 주기도 하고 아름다운 고유어를 살려내기도 한다. 그렇다고 장점만 있는 것은 아니다. 작사가 한 사람의 실수로 수많은 대중이 잘못된 언어표현을 어떠한 장애도 없이 그저 수용할 수 있다는 것이다. 특히 어떤 노래가 대단한 인기를 얻었을 때 그 파장은 상상도 못할 정도이다. 따라서 이 글은 그동안 반세기의 노랫말 속에 나타난 맞춤법의 오용을 살펴봄으로써 우리들의 무의식 속에 내재한 잘못된 표현을 끄집어내고자 쓴 것이다.

그동안 이 분야에 대한 연구는 수로 정서적인 내용 측면에 치숭하였고, 그나마 유일하게 김광해(1998)만이 일제 강점기의 대중가요를 계량언어학적으로 검토한 것이 있을 뿐이다. 이영미(2001)는 대중가요사의 서술 관점과 문화적 측면을 연구할 때 고려할 사항 등에 대해 정리한 것이다. 최상진 외(2001)는 대중가요에 주로 사용되는 어휘와 노랫말 속에 내재된 행위 양태와 정서를 중심으로 살펴본 것이다.

이 글은 이러한 특성을 지닌 노랫말을 연구대상으로 삼아 확인절차를 거쳐 잘못 쓰인 표현을 찾고자 시도한 것이다. 노랫말을 확인할 때

1차적으로 노래책을, 2차적으로 그 가수가 직접 부른 노래를 들었다. 원판으로 들은 경우도 있으나 인터넷상의 개인 블로그(blog)나 음악파일 공유 사이트 '몽키3(http://www.monkey3.co.kr)'와 '소리바다(http://www.soribada.com)'를 이용해 직접 들어 보았다. 3차적으로 가수가 낸 원판에 실린 노랫말을 확인하였다. 실질적으로 이 글은 3차의 확인이 필요하지만 현실적으로 어려운 면이 있다. 따라서 1차와 2차의 과정을 거친 것이 대부분이며 불과 몇 곡만 3차까지 확인해 볼 수 있었다. 책이나 음악파일에도 없는 경우는 블로그에 있는 노래와 노랫말도 참고했다. 다음으로 원작자인 작사가는 올바르게 썼어도 가수가 달리 부를 수도 있다는 점을 감안하였다.

이 글을 기술할 때 대상으로 삼은 노래들은 1950년대부터 1990년대까지, 즉 20세기 후반에 유행했던 대중가요 999곡을 대상으로 삼았다. 21세기를 겨우 10여 년 지내온 요즘의 대중가요 가사는 랩 형식이나 의미 없는 중복 구절이 많다. 따라서 예술적 가치가 떨어지고 향유층도 일부에 한정되어 있다. 그러나 20세기 후반의 대중가요는 광범위한 대중을 상대로 그들의 입에 가창되었던 친근함을 지닌다. 그런데 이를 대상으로 검토를 하기 전에 짚고 넘어갈 점이 있다. 반세기 동안 맞춤법의 변혁이 1회 있었다는 사실이다. 바로 1988년 한글맞춤법 개정이 그것이다. 따라서 1988년 이전의 노랫말을 1988년 개정된 현행 맞춤법이라는 잣대로 고찰하는 것은 오류가 아니냐는 생각이 가능하다. 그런데 현재도 지상파 방송에서 흘러간 노래나 추억의 노래라는 형식으로 발표된 지 4~50년이 지난 노래를 부르고 있다. 이때 영상에 나타나는 노랫말은 발표 당시의 원 가사를 나타내지 않고 현행 맞춤법을 적용하여 고친 노랫말을 나타낸다. 현행 중등 국어교과서에 1988년 이전의 문학작품을 실을 때도 당시의 작가의 표현이 존중되어야 할 듯하지만 실제로는 그렇지 않다. 현행 맞춤법에 맞추어 학습자들에게 제시하고 있다. 대중도 또한 대중가요의 학습자이다. 따라서 1988년 이전의 노랫말도 현행 맞춤법의 체제에 맞추어 살펴보는 것이 억측은 아니리라 생각한다.

　기술에 앞서 대중가요 '노랫말'의 성격 규명이 필요하다. 기원적으로 우리의 문학 갈래 중에 시조, 가사, 판소리 등은 음악적 요소와 문학적 요소를 겸비하였다. 시조는 정형률을 강조하여 운율을 중시하면서 글자 수의 한두 개가 들쭉날쭉하는 여유가 있었다. 가사 또한 4·4조의 정형률을 원칙으로 하지만 시조보다는 좀 자유로워 변격형이 자주 나타난다. 판소리의 경우도 4·4조의 정형률을 원칙으로 하지만 융통성이 가사보다 오히려 많은 갈래이다. 현대의 대중가요도 역사적으로는 이러한 문학 갈래들과 괘를 같이 한다. 정형률보다는 음표나 곡의 마디에 따른 내용 형식을 중요시하면서 변격이나 장음화가 나타나지만, 전체적으로 글자 수를 일정하게 해야 하는 정형률보다는 자유로운 내재율의 성격이 강하다. 그래서 시적 요소가 강한 것이다. 그러나 시보다는 응축이나 함의의 성격이 덜하고 대화 형식이나 일반적인 서술의 성격이 강한 면이 있기에, 시(詩)에서 일반적으로 인정하는 시적 허용과는 별개의 것으로 생각하여야 할 것이다.

　대상으로 삼은 가요의 수가 워낙 많아 그 노래명만 제시하고 같은 노래명일 때는 가수명(특정한 가수가 없을 시 작사가)을 제시한다. 가나다

순(順)에 따라 제시하면 다음과 같다.

ㄱ

가거라 38선, 가고파, 가는 세월, 가는 봄 오는 봄, 가려진 시간 사이로, 가버린 당신, 가버린 사랑, 가슴 아프게, 가을 편지, 가을비 우산 속, 가을을 남기고 간 사랑, 가을의 연인, 가지마오, 간대요 글쎄, 간 큰 남자, 갈대의 순정, 갈무리, 갈색 추억, 갈 테면 가라지, 감격시대, 감수광, 강 건너 등불, 강남 멋쟁이, 강남 제비, 강남달, 강촌에 살고 싶네, 강화 도련님, 개나리 처녀, 개똥벌레, 개여울, 갯바위, 거기 지금 누구인가, 거리를 떠나, 거울도 안보는 여자, 걸어서 하늘까지, 검은 상처의 블루스, 검은 장갑, 겨울 아이, 결혼기념일의 노래, 경상도 아가씨, 경상도 청년, 고독한 여인, 고래사냥, 고백, 고별, 고향 만리, 고향 무정, 고향 아줌마, 고향에 찾아와도, 고향역, 고향은 내 사랑, 고향의 강, 고향의 그림자, 고향이 좋아, 고향설, 고향초, 과거는 흘러갔다, 과거를 묻지 마세요, 과수원 길, 공주의 비련, 공항에 부는 바람, 공항의 이별, 구름 나그네, 굳세어라 금순아, 귀국선, 귀로, 그 날, 그대 그리고 나, 그대여 변치마오, 그대의 이름은, 그러긴가요, 그럴 수가 있나요, 그리움만 쌓이네, 그 사람 데려다주오, 그 사람이 그 사람, 그 사람 이름은 잊었지만, 그 사람이 울고 있어요, 그 사람은 바보야요, 그애랑 나랑은, 그 얼굴에 햇살을, 그대 내게 다시, 그대 먼 곳에, 그대 변치 않는다면, 그대 없이는 못 살아, 그대는 나의 인생, 그대여(이정희), 그대여(동그라미), 그대 품에 잠들었으면, 그댄 봄비를 무척 좋아하나요, 그때 그 사람, 그런거지 뭐, 그리운 사람끼리, 그리운 얼굴, 그리움은 가슴마다, 그림자, 그저 바라볼 수만 있어도, 금박 댕기, 기다리게 해 놓고, 기다리는 마음(김민부), 기도하는 마음(김태정), 기러기 아빠, 기분파 인생, 기타 부기, 긴 머리 소녀, 길, 길 잃은 철새, 길가에 앉아서, 꼬마 인형, 꼬집힌 풋사랑, 꽃길, 꽃마차, 꽃바람, 꽃반지 끼고, 꽃 중의 꽃, 꽃집 아가씨, 꿈, 꿈속의 고향, 꿈에 본 대동강, 꿈속의 사랑, 꿈은 사라지고, 꿈이여 다시 한 번, 꿈꾸는 백마강, 꿈에 본 내 고향, 끝이 없는 길

ㄴ

나 그대에게 모두 드리리, 나는 가야지, 나는 울었소, 나룻배 처녀, 나무와 새, 나 어

떡해, 나의 탱고, 나침반, 나 하나의 사랑, 나그네 설움, 나는 너를, 나는 못난이, 나는 어떡하라구, 나는 열일곱 살이예요, 나를 두고 아리랑, 나의 노래, 낙서, 낙엽 따라 가버린 사랑, 낙엽이 가는 길, 낙조, 낙화유수, 난 너에게, 난 아직 모르잖아요, 난 정말 몰랐었네, 날 울리지마, 날개, 날 버린 남자, 날이 갈수록, 날이 날이 갈수록, 남남, 남남북녀, 남매, 남성 금지구역, 남성 넘버원, 남아 인생, 남원의 봄 사건, 남원의 애수, 남자는 배 여자는 항구, 남자는 여자를 귀찮게 해, 낭랑 18세, 낭만에 대하여, 낭주골 처녀, 내 곁에 있어주, 내 고향으로 마차는 간다, 내 나라 내 겨레, 내 남은 사랑을 위해, 내 님의 사랑은, 내 마음 갈 곳을 잃어, 내 마음 당신 곁으로, 내 마음 의 보석상자, 내 사랑에 돌을 던져 놓고, 내 사랑 울보, 내 사랑 쥬리안, 내 삶을 눈 물로 채워도, 내 아픔 아시는 당신께, 내 이름은 구름이여, 내 이름은 소녀, 내가 사 랑하는 그녀는, 내가 아는 한 가지, 내게 사랑은 너무 써, 내게도 사랑이, 내 곁에 있 어주, 내 남자, 내 노래에 날개가 있다면, 내 마음 별과 같이, 내 마음 알겠니, 내 몫 까지 살아주, 내 사랑 내 곁에, 내일 또 만납시다, 내일이면 간다네, 내 친구, 내 하 나의 사랑은 가고, 너, 너만을 사랑했다, 너 하나만을, 너를 사랑하고도, 너를 사랑 해, 너무합니다, 너에게로 또 다시, 너와 나, 너와 나의 고향, 너의 결혼식, 너의 모 습, 너의 빈자리, 널 사랑하겠어, 네 꿈을 펼쳐라, 네 박자, 네잎 크로바, 노들강 600 리, 노들강변, 노란 샤쓰의 사나이, 노래하며 춤추며, 노랫가락 차차차, 노신사, 녹슬 은 기찻길, 누가 울어, 누가 이 사람을 모르시나요, 누이, 눈동자, 눈물 젖은 두만강, 눈물로 쓴 편지, 눈물을 감추고, 눈물의 연평도, 눈물이 진주라면, 눈이 내리네, 능금 빛 순정, 늦은 재회, 니가 올래 내가 갈까, 닐리리 맘보, 님 그리워, 님 계신 전선, 님 그림자, 님, 님과 함께, 님은 먼 곳에, 님이라 부르리까, 님이여

ㄷ—ㄹ

다함께 차차차, 단골 손님, 단벌 신사, 단장의 미아리 고개, 달도 하나 해도 하나, 달 맞이 꽃, 담다디, 당신(김정수), 당신(배호), 당신도 울고 있네요, 당신만을 사랑해, 당 신은 누구세요, 당신은 모르실거야, 당신은 몰라, 당신은 사파이어처럼, 당신은 철새, 당신을 알고부터, 당신의 뜻이라면, 당신의 마음, 당신이 버린 사랑, 대답 없는 너, 대동강 편지, 대머리 총각, 대전 블루스, 대지의 항구, 대한팔경, 댄서의 순정, 덕수 궁 돌담길, 돌려줄 수 없나요, 돌아가는 삼각지, 돌아오지 않는 강, 돌아와요 부산항 에, 돌이키지마, 돌지 않는 풍차, 동반자, 동백 아가씨, 동숙의 노래, 동행, 두 개의

작은 별, 두 남매, 두견화 사랑, 두 마음(이석), 두 마음(별셋), 두메 산골, 두 줄기 눈물, 둘이 걸었네, 둘이서, 둘이서 트위스트, 등대지기, 등불, 딩동댕 지난 여름, 딸 7형제, 떠나는 님아, 떠나도 마음만은, 떠날 때는 말없이, 뗏목 2천리, 또 만났네요, 뜨거운 안녕 // 럭키 모닝, 럭키 서울, 립스틱 짙게 바르고

마도로스 박, 마법의 성, 마상일기, 마음 약해서, 마음은 서러워도, 마음의 사랑, 마음의 자유천지, 마음이 고와야지, 마음이 울적해서, 마지막 약속, 마지막 잎새, 마지막 편지, 마지막 포옹, 마포 종점, 막차로 떠난 여자, 만남, 만리포 사랑, 말하고 싶어요, 망부석, 망향의 탱고, 망향초 사랑, 맨 처음 고백, 맨발로 뛰어라, 맨발의 청춘, 머나먼 고향, 먼 후일, 먼 훗날, 멈출 수 없는 사랑, 멍에, 명동 블루스, 몇 미터 앞에 두고, 모녀 기타, 모닥불, 모두 다 사랑하리, 모두가 사랑이예요, 모정의 세월, 목동의 노래, 목석같은 사나이, 목장 아가씨, 목포는 항구다, 목포의 눈물, 목화 아가씨, 목화밭, 몰래한 사랑, 못난 청춘, 몰래한 사랑, 못난 내 청춘, 못다 핀 꽃 한 송이, 못 잊겠어요, 못 잊어(패티김), 못 잊어(장은숙), 못 잊어서 또 왔네, 몽금포 타령, 몽땅 내 사랑, 무너진 사랑탑, 무시로, 무영탑 사랑, 무정한 밤배, 무인도, 무정 블루스, 무정한 그 사람, 물레방아 도는데, 물레야, 물방아 도는 내력, 물새 한 마리, 물새야 왜 우느냐, 물새 우는 강 언덕, 물안개, 미련, 미련 때문에, 미사의 노래, 미사의 종, 미소 속에 비친 그대, 미스고, 미스터 유, 미안 미안해, 미운 사람, 미워 미워 미워, 미워도 다시 한 번, 미워하지 않으리, 밀양 아리랑, 밀짚 모자 목장 아가씨

바다가 육지라면, 바다의 교향시, 바닷가에서, 바닷가의 추억, 바람 같은 사람, 바람의 노래, 바람 바람 바람, 바람에 실려, 바람이 전하는 말, 바보 같은 사나이, 바보처럼 살았군요, 바보처럼 울었다, 바위고개, 바위섬, 박달재 사연, 밤나무 산길, 밤배, 밤에 떠난 여인, 방랑 3천리, 방랑시인 김삿갓, 밤안개, 배신자, 백년의 약속, 백마강, 백마강 달밤, 백마야 가자, 백마야 울지마라, 백만 송이의 장미, 백치 아다다, 번지

없는 주막, 범띠 가시내, 베사메무쵸, 별이 빛나는 밤에, 보고 싶은 마음, 보고 싶은 얼굴, 보라빛 향기, 보리밭, 보슬비 오는 거리, 보이지 않는 사랑, 복지만리, 봄날은 간다, 봄맞이, 봄바람 님바람, 봉선화 연정, 봉숭아, 부모, 부부, 불 꺼진 창, 불나비, 불씨, 불효 자식, 불효자는 웁니다, 비 내리는 고모령, 비 내리는 명동거리, 비 내리는 영동교, 비 내리는 판문점, 비 내리는 호남선, 비, 비둘기 집, 비목, 비오는 날 수채화, 비의 나그네, 빈대떡 신사, 빗속의 여인, 빙글빙글, 빛과 그림자, 빨간 구두 아가씨, 빨간 마후라, 빨간 선인장, 뽕따러 가세

ㅅ

사나이 블루스, 사는 게 뭔지, 사랑(최안순, 최성욱), 사랑(나훈아), 사랑(강영숙), 사랑(김하정), 사랑-그 쓸쓸함에 대하여, 사랑과 계절, 사랑과 우정 사이, 사랑 사랑 누가 말했나, 사랑도 미움도, 사랑만은 않겠어요, 사랑아 울지마라, 사랑에 속고 돈에 울고, 사랑으로, 사랑은 계절 따라, 사랑은 기러기, 사랑은 나비인가 봐, 사랑은 눈물의 씨앗, 사랑은 아직도 끝나지 않았네, 사랑은 연필로 쓰세요, 사랑은 영원히, 사랑이여, 사랑이 사랑을, 사랑이 저만치 가네, 사랑일 뿐이야, 사랑하는 날까지, 사랑하는 마음, 사랑하는 사람아, 사랑하는 영자 씨, 사랑하지 않을 거야, 사랑해, 사랑해 봤으면, 사랑했는데, 사랑했어요, 사막의 한, 사의 찬미, 산까치야, 산 너머 남촌에는, 산유화, 산장의 여인, 산팔자 물팔자, 사랑은 장난이 아니랍니다, 사랑은 창밖에 빗물 같아요, 사랑은 토요일 밤에, 사랑을 위하여, 사랑을 할 거야, 사랑의 굴레, 사랑의 메아리, 사랑의 모닥불, 사랑의 미로, 사랑의 서약, 사랑의 세레나데, 사랑의 송가, 사랑의 역사, 사랑의 의지, 사랑의 자리, 사랑의 종말, 사랑의 트위스트, 사랑이 메아리 칠 때, 살짜기 옵서예, 삼각산 손님, 삼다도 소식, 삼백초, 삼천리강산 에라 좋구나, 삼천포 아가씨, 삼팔선의 봄, 삼포로 가는 길, 상실, 상아의 노래, 새끼손가락, 새벽 기차, 새벽길, 새색시 시집가네, 샌프란시스코, 생각해 보겠어요, 생일 없는 소년, 서귀포 사랑, 서귀포를 아시나요, 서귀포 칠십 리, 서산 갯마을, 서울 구경, 서울, 서울 부르스, 서울 서울 서울, 서울 야곡, 서울 탱고, 서울의 찬가, 서울이여 안녕, 석류의 계절, 석별, 석별의 정, 선구자, 선생님, 선창, 선희의 가방, 섬마을 선생님, 성은 김이요, 성주풀이, 세노야, 세 동무, 세세년년, 세월이 가면, 세월이 약이겠지요, 소녀와 가로등, 소녀의 꿈, 소양강 처녀, 송학사, 수덕사의 여승, 슈사인 보이, 슬픈 노래는 싫어요, 슬픈 미소, 슬픈 베아트리체, 슬픔이여 안녕, 시골길, 시인의 마을, 신 만고

강산, 신 태평가, 신고산, 신라의 달밤, 신라의 북소리, 신사동 그 사람, 신토불이, 싫다 싫어, 십오야, 쌈바의 여인도, 쌍고동 우는 항구

ㅇ

아! 대한민국, 아껴둔 사랑을 위해, 아내에게 바치는 노래, 아내의 노래, 아네모네, 아니야, 아득히 먼 곳, 아름다운 것들, 아름다운 눈물 꽃, 아리 아리 아라리오, 아리랑 낭랑, 아리랑 목동, 아리조나 카우보이, 아마도 빗물이겠지, 아메리카 차이나타운, 아베 마리아, 아빠랑 엄마같이, 아빠의 청춘, 아씨, 아주까리 등불, 아주까리 수첩, 아직도 그대는 내 사랑, 아직도 어두운 밤인가봐, 아차하다, 아침 이슬, 아파트, 아픈 만큼 성숙해지고, 안개, 안개 낀 장충단 공원, 안개 속에 가버린 사람, 안녕, 안녕이라고 말 하지마, 안녕하세요, 안돼요 안돼, 앉으나 서나 당신 생각, 알뜰한 당신, 애모, 애모의 노래, 애비, 애수의 네온가, 애수의 소야곡, 애심, 애인(현미), 애인(태진아), 애원, 애정이 꽃피던 시절, 애증의 강, 앵두, 앵두나무 처녀, 야생마, 얄궂은 운명, 얄미운 사람, 어느 소녀의 사랑 이야기, 어디서 무엇이 되어 다시 만나랴, 어디쯤 가고 있을까, 어떻게 말할까, 어머님, 어머님 사랑, 어머님 안심하소서, 어부의 노래, 어서 말을 해, 어제 같은 이별, 어제 내린 비, 어차피 떠난 사람, 언덕에 올라, 얼굴, 얼룩진 항구수첩, 엄마야 누나야, 엄처시하, 여고시절, 여로, 여름, 여옥의 노래, 여인의 눈물, 여자 여자 여자, 여자야, 여자의 꿈, 여자의 일생, 여자이니까, 여정, 연가, 연락선은 떠난다, 연안 부두, 연인들의 이야기, 열아홉 순정, 열애, 엽서 한 장, 엽전 열닷냥, 영 넘어 고갯길, 영등포의 밤, 영산강 처녀, 영상, 영아, 영영, 영일만 친구, 옛 이야기, 옛님, 옛사랑, 옛 생각, 옛 시인의 노래, 옛 친구, 오! 나의 태양, 오늘 같은 밤이면, 오늘은 고백한다, 오동동 타령, 오동잎, 오부자의 노래, 오빠, 오빠 생각, 오십구 년 왕십리, 오지 않는 님, 오직 하나뿐인 그대, 옥경이, 왕서방 연서, 왕자 호동, 왜 돌아보오, 외기러기, 외나무다리, 요즘 여자 요즘 남자, 용두산 엘레지, 우리 마을, 우리 사랑, 우리 순이, 우리 애인은 올드 미스, 우리도 접시를 깨뜨리자, 우리의 소원, 우리의 이야기들, 우린 너무 쉽게 헤어졌어요, 우수, 우연히 정들었네, 울고 넘는 박달재, 울고 싶어, 울고 싶어라, 울긴 왜 울어, 울려고 내가 왔나, 울릉도 트위스트, 울면서 후회하네, 울며 헤진 부산항, 울산 큰 애기, 울어라 기타줄, 울어라 열풍아, 웃는 얼굴 다정해도, 웃으며 가요, 워싱턴 광장, 월급봉투, 웬일인지, 월남의 달밤, 웨딩드레스, 유달산아 말해다오, 유랑 오천키로, 유리벽, 유정 천리, 육

군 김일병, 이 마음 다시 여기에, 이거야 정말, 이루어질 수 없는 사랑, 이름 모를 소녀, 이 밤을 다시 한 번, 이별, 이별 아닌 이별, 이별의 그늘, 이별의 부산 정거장, 이별의 순간, 이별의 십오미터, 이별의 인천항, 이별의 종착역, 이별의 플레트홈, 이수, 이정표, 이정표 없는 거리, 이젠 사랑할 수 있어요, 인디언 인형처럼, 인도의 향불, 인생은 나그네, 인생 수첩, 인생은 미완성, 인생은 생방송, 인어 이야기, 일기, 일자 상서, 일자 일루, 일편단심 민들레야, 잃어버린 우산, 잃어버린 정, 임 그리워, 입영 전야, 입영열차 안에서, 잊기로 했네, 잊으리, 잊을 수 없는 연인, 잊을 수 없어, 잊을 수가 있을까, 잊지 못할 연인, 잊혀지질 않아요, 잊혀진 계절, 잊혀진 사랑

ㅈ

자주 댕기, 자주색 가방, 작은 연못, 작은 연인들, 작은 새, 잘못된 만남, 잘 있거라 공항이여, 잘 있거라 부산항, 잠깐만, 잡초, 장모님 전상서, 장미빛 스카프, 저 강은 알고 있다, 저 꽃 속에 찬란한 빛이, 저녁 한 때 목장 풍경, 저무는 충무로, 전선 야곡, 전우가 남긴 한 마디, 전우여 잘 자라, 젊은 그대, 젊은 내 고향, 젊은 연인들, 젊은 태양, 정(박일남), 정(아도니스), 정(조용필), 정답게 가는 길, 정 때문에, 정동 대감, 정든 그 노래, 정든 부두, 정말 가시나요, 정에 약한 남자, 정주고 내가 우네, 정주지 않으리, 제비, 제비처럼, 제이에게, 조약돌, 조조할인, 존재의 이유, 종점, 좋았다 싫이지면, 죄 많은 인생, 주유천히, 즐거운 나의 집, 즐거운 목장, 즐거운 여름, 지금은 가지 마세요, 지금은 헤어져도, 지평선은 말이 없다, 진고개 신사, 진실, 진정 난 몰랐네, 진주 조개잡이, 진짜 사나이, 진짜진짜 좋아해, 짚세기 신고 왔네, 짝사랑, 짝사랑(릴리시스터즈), 짝사랑(주현미), 찔레꽃

ㅊ

차라리 꿈이라면, 차표 한 장, 찬비, 찬찬찬, 찰랑찰랑, 참사랑, 참새와 허수아비, 창밖의 여자, 찻집의 고독, 찾아온 산장, 처녀 농군, 처녀 뱃사공, 처녀 총각, 천상재회, 천안 삼거리, 철없는 아내, 철없던 사랑, 첫사랑 마도로스, 첫사랑 언덕, 첫사랑의 화원, 청산유수, 청실홍실, 청춘 고백, 청춘등대, 청춘 목장, 청춘 무정, 청춘 부라보,

청춘, 청춘을 돌려다오, 청춘의 꿈, 청포도 고향, 청포도 사랑, 초가삼간, 초대받고 싶은 남자, 초립동, 초연, 초우, 초원, 촛불, 촛불 잔치, 최 진사 댁 셋째 딸, 추억 만들기, 추억, 추억 속에 혼자 걸었네, 추억의 소야곡, 추억의 오솔길, 추억의 테헤란로, 추풍령, 춤을 추어요, 충청도 아줌마, 친구, 친구야 친구, 친구여, 칠갑산

카츄샤의 노래, 카페에서, 커피 한 잔, 코스모스 탄식, 코스모스 피어 있는 길, 클레멘타인, 키다리 미스터 김 // 타인들, 타인의 계절, 타타타, 타향, 타향살이, 태양, 태양과 나, 태양은 사라져도, 태평가, 터, 터질 거예요, 토요일 밤, 투해븐 // 파도, 파란 이별의 글씨, 파초의 꿈, 팔도강산, 팔베개, 페르샤 왕자, 편지, 평양 기생, 푸른 꿈이여 지금 어디, 푸른 날개, 풍년가, 피리 불던 모녀 고개, 핑계, 핑크리본의 카드

하나의 사랑, 하늘의 황금마차, 하룻밤 풋사랑, 하숙생, 하얀 면사포, 하얀 나비, 하얀 손수건, 하얀 조가비, 하얀 집, 하와이 연정, 하이킹의 노래, 학도가, 한 번쯤, 한 오백년, 한강, 한 많은 대동강, 한 바탕 웃음으로, 한 백년, 한번만 더, 한 번 준 마음인데, 한 사람, 한 송이 꿈, 함경도 사나이, 항구의 사랑, 항구의 선술집, 항구의 영번지, 항구의 청춘시, 해뜰 날, 해변으로 가요, 해변의 여인, 해운대 엘레지, 해조곡, 행복을 비는 마음, 행복의 나라, 행복의 샘터, 행복의 일요일, 행복이란, 행복한 사람, 향기 품은 군사우편, 향수(남인수), 향수(박재홍), 향수에 젖어, 허공, 허무한 마음, 호랑나비, 호반에서 만난 사람, 호반의 벤취, 홀로 아리랑, 홍도야 울지마라, 홍콩아가씨, 화류 춘몽, 화물선 사랑, 환상, 환상의 여인, 환희, 황성 옛터, 황포 돛대, 황혼의 블루스, 황혼의 엘레지, 황포 돛대(최병호), 황포 돛대(이미자), 회전의자, 휘파람 불며, 휘파람을 부세요, 흑산도 아가씨, 흔적, 흙에 살리라, 흩어진 나날들, 희나리, 희망가(채규엽), 희망사항, 희망의 속삭임, 흰 구름 먹구름

1. 노랫말의 오용 실태

1.1. 체언의 오용

(1) 님

'님'은 총 112곡에서 나타난다. 노랫말의 오용 중에서 가장 많은 숫자이다. 너무 많은 노랫말 속에 나타나 그 용례를 지면에 전부 제시하는 것은 피하고 노래명만 제시하면 다음과 같다.

고향의 강, 공주의 비련, 구름 나그네, 그날, 그러긴가요, 기다리는 마음, 나는 울었네, 남원의 애수, 낭랑 십팔 세, 내 님의 사랑은, 네 꿈을 펼쳐라, 눈물 젖은 두만강, 눈물이 진주라면, 닐리리 맘보, 님 계신 전선, 님 그리워, 님 그림자, 님, 님과 함께, 님은 먼 곳에, 님이라 부르리까, 님이여, 등불, 떠나는 님아, 막차로 떠난 여자, 명동 블루스, 못 다 핀 꽃 한 송이, 몽금포 타령, 무너진 사랑탑, 무영탑 사랑, 무정한 밤배, 물레야, 물새 한 마리, 밀양 아리랑, 바람 바람 바람, 바람에 실려, 바위고개, 밤나무 산길, 배신자, 백치 아다다, 보고 싶은 마음, 봄바람 님바람, 비 내리는 판문점, 비의 나그네, 뽕따러 가세, 사랑은 기러기, 사랑의 송가, 사랑의 자리, 사랑이 저만치 가네, 사랑해, 사랑했어요, 산까치야, 산유화, 살짜기 옵서예, 삼천포 아가씨, 삼포로 가는 길, 새벽길, 서귀포 사랑, 서울이여 안녕, 석별의 정, 성주풀이, 세노야, 세세년년, 송학사, 수덕사의 여승, 신 만고강산, 신고산, 신라의 달밤, 신라의 북소리, 쌍고동 우는 항구, 아내의 노래, 아득히 먼 곳, 아리 아리 아라리오, 아리랑 낭랑, 아씨, 애원, 애인, 여인의 눈물, 옛님, 옛사랑,

대중가요의 노랫말 중에는 연가풍이 많기 때문에 '님'의 다수 출현은 어쩌면 당연한 결과이다. 그러나 현행 이 단어는 '임'으로 써야 옳다. 이 정도로 '님'이란 어휘가 대중화한 것을 보면 이 어휘가 복수표준어로 제정되는 것이 바람직하리라 생각한다.

'님'을 문헌에서 살펴보면, 다음과 같다.

님 쥬 : 主 － 『훈몽자회(訓蒙字會) 중』, 1쪽.
셜온 님 보내옵노니 － 「가시리」, 『악장가사(樂章歌詞)』
이 몸이 삼기실 제 님을 조차 삼기시니 － 「사미인곡(思美人曲)」

문헌상 '님'은 16세기부터 출현하지만 15세기에도 있었을 것이다. '님'이 현대로 내려오면서 '님'의 'ㄴ'이 경구개음으로 발음된 후에 탈락하여 '임'이 된 것이다.

(2) 니[汝]

'네[汝]'의 잘못된 표현인 '니'는 어린이를 비롯하여 청장년층까지 급

속도로 확산되는 어휘이다. 물론 어느 대중가요가 대단한 유행을 거치
면서 점점 대중들에게 '니'의 세력은 확장되었다. 과거 경상도와 같은
일부 지역의 방언에서 시작된 것이 '내[余]'와 '네[汝]'의 발음의 유사성
을 구별하려는 대중적 심리가 작용하여 광범위하게 사용된 것이다. 심
지어 글자 '네(가)'를 읽을 때 [니(가)]로 발음하기도 하는 것이 요즘의
모습이다. '니'는 주로 주격조사 '-가' 앞에 나타나며 명사 앞에서 '너의'
의 준말로 사용될 때 종종 나타난다. 최근의 발음 추세가 [e]와 [ɛ]의 구
별을 중시하지 않고 그 중간음인 [E]로 발음하는 대세에서 '내'와 '네'의
청각적 구별은 상당히 어려운 상황이다. 따라서 의미의 명확한 전달을
위해 나타나는 현상이다.

다음은 대중가요에서 나타나는 '니'의 경우이다.

너의 결혼식 / 윤종신 − 몰랐었어 니가 그렇게 예쁜지 웨딩드레스 하
얀 니 손엔
니가 올래 내가 갈까 / 배일호 − 니가 올래 아니면 내가 갈까
아껴둔 사랑을 위해 / 이주원 − 투명한 모습으로 니 앞에 설 때까지
존재의 이유 / 김종환 − 니가 있다는 것이 나를 존재하게 해
투해븐 / 조성모 − 니가 없어 힘이 들까봐 니가 아닌
핑계 / 김건모 − 생각을 해봐 니가 지금 나라면 넌 웃을 수 있어

(3) 초생달

초생달은 '초승달'의 잘못된 표현이다. '초승'은 '음력으로 그 달 첫머

리의 며칠 동안'을 일컫는 말이므로 '초승달'은 '초승에 돋는 달'이다. 표준어 규정 제2장 4절 17항의 규정에 따라 발음 변화 형태인 '초생달'을 버리고 더 널리 사용되는 '초승달'을 표준어로 삼는다. 언중들은 '초생달'을 '초생(初生)+달'의 합성어라 생각하여 비롯된 것이다.

어원적으로 '초승달'과 관련된 가장 이른 시기의 어형은 '初生ㅅ둘'이다. '初生ㅅ둘'은 한자 '初生'과 사이시옷 그리고 고유어 '둘'[月]이 결합된 어형이다. 중세국어에는 '초생'이 '初生'과 한자로만 표기되었다. '초싱'처럼 '初生'을 당시의 한자음, 즉 훈민정음으로 적기 시작한 것은 16세기에 들어서의 일이다. '初生ㅅ둘'은 '초싱둘'을 거쳐 19세기에는 '초생달'로도 실현되었다. 비로소 20세기에 들면서 '초승달'이라는 어형이 등장하게 된다. 현재는 초승달만 표준어이고 초생(初生)달은 북한에서 쓰이는 말이다(국립국어원, 2003). 결국 어원적으로 '초생달'에서 기원하여 20세기까지 긴 생명을 유지했으나, 20세기에 나타난 '초승달'에게 표준어를 넘겨 준 형태인 것이다.

굳세어라 금순아 / 현인 — 영도다리 난간위에 초생달만 외로히 떴다
망부석 / 김태곤 — 초생달만 외로이 떴네 / 멀리 떠난 내님 소식 그
　　　　　　　언제나 오시려나
아메리카 차이나타운 / 백설희 — 저 하늘 빌딩위에 초생달도 노래해
타향 / 남진 — 노을진 하늘가에 초생달 하나

(4) 나래[翼]

'나래'는 '날개[翼]'의 잘못된 표현이다. '날개[翼]'는 15세기부터 '나래'

와 공존했다. 15세기에는 '놀게'와 '느래, 놀애'가, 16세기와 17세기에는 '놀개'와 '놀애'가, 18세기에는 '놀개'와 '놀애, 나러'가, 19세기에는 '놀개, 놀기, 날개, 날기'와 '나러, 나래'가, 20세기에 이르러서는 '날개, 날기'와 '나래, 날애'가 공존하였다. 현전하는 문헌상의 빈도수로 보아서는 '날개'형보다 '나래'형이 우세한 것으로 보인다(국립국어원, 2003).

'날개'는 '날다(飛)'의 어간에 '도구'의 뜻을 지닌 '-개'가 결합된 형태로 어두음절의 모음이 'ㆍ〉ㅏ'로 변한 경우이다. 이런 모음 변화 현상은 18세기부터 서서히 일어난 현상이다.

'나래'는 '날개'의 경우처럼 결합한 것은 같지만, 'ㄱ'이 'ㄹ' 뒤에서 'ㅇ'으로 교체된 경우이다. 지금은 몇몇 지역에서 방언1)으로 사용되기도 하지만 점점 그 사용의 폭이 줄어드는 양상을 보인다. 아직까지 시(詩)나 노랫말에 발음과 운율상의 이유로 사용되는 어휘2)이다.

그러면 실제 대중가요에서 노랫말로 쓰인 경우를 보자.

두 마음 / 벌셋 – 내 마음속 깊은 곳에 나래 펴고 숨어 들었네

여로 / 이미자 – 봄나비 나래 위에 꿈을 실어 보았는데

영일만 친구 / 최백호 – 갈매기 나래 위에 시를 적어 띄우는

정말 가시나요 / 박우철 – 하얀 꿈 나래 위에

그날 / 김연숙 – 나래치는 가슴이 서러워 아파와

---

1) 강원도, 경상도, 전라북도, 함경남도
2) 이 어휘는 '雷'를 뜻하는 '우레'가 조어(祖語), 재구형(再構形) '울게'에서 '울에'로 되었다가 '우레'로 된 변화와 비슷한 양상이다.

(5) 자욱[迹]

 '자욱'은 '자국'의 잘못된 표현이다. 북한에서 '자욱'은 문화어로 인정하는 단어이다. 15세기부터 18세기까지의 문헌에서 '자국'은 '자곡'으로 실현되었다. 그러던 것이 19세기부터 '나모'가 '나무'로 바뀐 것처럼 일종의 이화(異化)현상으로 청각적 인상을 강하게 표현하면서 모음조화를 파괴하고 있다. 19세기와 20세기 문헌에서는 '자국'과 '자욱'이 동시에 나타나기 시작하였다(국립국어원, 2003).

 '자욱'은 유성음 사이에서 'ㄱ'이 약화하여 탈락한 경우로 발음에 유연함을 표현하기 위해 나타난 단어로 보인다. 요즘에도 시어(詩語)나 노랫말에서 흔히 나타나는 단어이다. '발자국'은 '발'과 '자국'의 합성어이다.

 다음은 대중가요의 노랫말에 '자욱'이 등장하는 경우이다.

나그네 설움 / 백년설 − 지나온 자욱마다 눈물 고였네
너의 모습 / 한마음 − 눈물처럼 어리는 슬픈 자욱
늦은 재회 / 김정수 − 당신의 미소 띤 얼굴엔 어느새 눈물 자욱이
여옥의 노래 / 송민도 − 어디에 계시온지 거니는 발자욱
하얀 손수건 / 트위폴리오 − 눈물로 흔들어주던 하얀 손수건 / 그 때
의 눈물자위(자국)

(6) 잎새

 '잎새'의 올바른 표기는 '잎사귀'이다. '경기, 충남, 충북, 평남, 평북' 등

에서 방언으로 '잎새'를 사용한다. 한글 맞춤법 제4장 3절 21항에 따라 자음으로 시작되는 접미사 '-사귀'가 연결된 '잎사귀'가 정확한 표현이다.

다음은 대중가요 속에 나타나는 '잎새'의 예문이다.

끝이 없는 길 / 박인희 ― 떨어지는 잎새 위에 어리는 얼굴

낙엽따라 가버린 사랑 / 차중락 ― 그 잎새의 사랑의 꿈을 고이 간직
하렸더니

마지막 잎새 / 배호 ― 흐느끼며 떨어지는 마지막 잎새

못다핀 꽃 한송이 / 김수철 ― 앙상한 가지위에 그 잎새는 한 잎

어제 내린 비 / 윤형주 ― 어제는 비가 내렸네 키 작은 나뭇잎새로

옛시인의 노래 / 한경애 ― 마른나무 가지에서 / 떨어지는 작은 잎새
하나

일기 / 둘다섯 ― 싸늘한 새벽바람 흔들리던 잎새

초원 / He6 ― 외로운 가슴속에 스며드는 빗소리 / 마지막 잎새처럼
흐느끼는 초원에

(7) 사이시옷 오류

현행 맞춤법은 제30항에 '사이시옷' 규정을 엄격하게 적용하는 입장이다. 따라서 순 우리말 끼리나, 순 우리말과 한자어가 결합한 합성어의 경우 뒷말의 첫소리가 된소리이거나 'ㄴ'소리, 'ㄴㄴ'소리가 덧나는 경우에는 사이시옷을 붙인다.

대중가요 노랫말 중에는 뒷말이 '집, 빛, 길, 소리, 감' 등일 때, 사이시옷을 표기하지 않은 경우가 많았고, 그 외에도 뒷말이 '마루, 줄, 불'

등일 때도 사이시옷을 표기하지 않은 몇 단어가 나타난다.

다음은 그 예들이다.

경상도 아가씨 / 박재홍 ― 처량스레 동정하는 판자집에

이별의 부산 정거장 / 남인수 ― 그래도 잊지 못할 판자집이여

장모님 전상서 / 김정구 ― 처가집의 장모님은 더욱 좋았소.

녹슬은 기찻길 / 나훈아 ― 어이해서 피빛인가

보라빛 향기 / 강수지 ― 그대 모습은 보라빛처럼 살며시 다가왔지

엄마야 누나야 / 사 : 김소월 ― 뜰에는 반짝이는 금모래빛

열아홉 순정 / 이미자 ― 진주빛보다 더 고운 열아홉 순정이래요

장미빛 스카프 / 윤항기 ― 장미빛 장미빛 스카프만 보면은

보리밭 / 사 : 박화목 ― 보리밭 사이길로 걸어가면

아리 아리 아라리오 / 김태곤 ― 멀리 떠난 내님 넘던 고개길

인생 수첩 / 박재홍 ― 인생길 눈보라길에 정들면

하숙생 / 최희준 ― 인생은 나그네길 / 어디서 왔다가 어디로 가는가

가거라 삼팔선 / 남인수 ― 가로 막혀 원한 천리길

서울이여 안녕 / 이미자 ― 그리운 님 찾아 바다건너 천리길

울려고 내가 왔나 / 남진 ― 그대 찾아 천리길을 울려고 내가 왔나

유달산아 말해다오 / 이미자 ― 그리움을 못 잊어서 천리길을 왔건만

팔도강산 / 최희준 ― 아들 찾아 천리길 에헤야

빨간 구두 아가씨 / 남일해 ― 똑똑똑 구두소리 어딜 가시나

사랑의 역사 / 유지성 ― 그 공원 그 벤치위에 쓸쓸히 기대앉아 / 그대
고운 노래소리

서울 / 장재남 – 빌딩마다 온갖 새들을 오게 하자 / 지저귀는 노래소
리 들어 보리라

제비처럼 / 윤승희 – 지저귀는 즐거운 노래소리

토요일 밤 / 김세환 – 아름다운 노래소리 멀리 멀리 퍼져갈 때

황성 옛터 / 이애리수 – 구슬픈 벌레소리에 말없이 눈물겨요

황포 돛대 / 이미자 – 파도소리 구슬프면 이 마음도 구슬퍼

앵두나무 처녀 / 김정애 – 신부감이 서울로 도망갔으니

자주댕기 / 이미자 – 품앗이 해서 혼수감 끊다가

남원의 애수 / 김용만 – 성황당 고개마루 나귀마저 울고 넘네.

단장의 미아리 고개 / 이해연 – 당신은 철사줄로 두 손 꼭꼭 묶인 채로

무정한 그 사람 / 은방울 자매 – 항구의 사랑이란 등대불 사랑인가

물새 한 마리 / 하춘화 – 싸늘한 호수가에 물새 한 마리

삼다도 소식 / 황금심 – 달빛이 지새드는 연자 방아간

쌈바의 연인 / 설운도 – 좋아한다고 젖은 머리결 젖은 눈동자

어머님 / 남진 – 어머님 어제밤 꿈에 너무나 늙으셨어요.

최 진사 댁 셋째 딸 / 조영남 – 건너마을에 최 진사 댁에

위와는 반대로 사이시옷이 들어가지 않아야 하는 환경에 표기되어
있는 경우가 나타나기도 하는데, 다음과 같은 경우는 그것이다.

오! 나의 태양 / 나폴리 민요 – 나의 몸에는 사랑스런 나의 햇님뿐 비
치인다

첫사랑의 화원 / 권혜경 – 샛빨간 장미꽃 순백한 릴리꽃

(8) 원말 표기

노랫말 중 어원에 충실한 표기가 나타난다. 그러나 어원에서 멀어진 경우 원말을 버리고 바뀐 말을 표준어로 인정한 경우가 있다. 다음의 노랫말 속의 어휘들은 '서낭당, 맹세'가 표준어이다.

개나리 처녀 / 최숙자 – 성황당 고개 마루 소모는 저 목동아
남원의 애수 / 김용만 – 성황당 고개 마루 나귀마저 울고 넘네
서울이여 안녕 / 이미자 – 백년을 같이 하자 맹서를 했는데
하와이 연정 / 패티김 – 와이키키 해변의 맹서도

(9) 된소리 표기의 오류

된소리를 쓸 환경이 아닌데 사용된 경우가 많이 나타난다. 특히 의존명사 '것'의 준말 '거'가 '꺼'로 많이 나타난다. 다음의 노랫말이 그 경우이다.

그 사람이 그 사람 / 송대관 – 다시 만날 수 없을 꺼야
나는 너를 / 장헌 – 밤하늘에 찾아보는 별들의 / 사랑이야기 들려 줄
　　　　　　꺼야
니가 올래 내가 갈까 / 배일호 – 넌 아마 모를 꺼야

위의 경우 외에 예사소리가 된소리로 잘못된 경우도 나타난다. '알쌍급제'는 '알성급제(謁聖及第)[3]'로, '발뿌리'는 '발부리'로 써야 올바른 표기이다.

위의 경우들과는 반대로 된소리 표기를 해야 할 곳에 이를 하지 않은 경우도 있었다. 다음의 경우가 그것이다.

---

3) '조선 시대에 임금이 성균관 문묘에 참배한 뒤 보이는 과거 시험에 합격하던 일'을 뜻한다.

(10) 모음 첨가 및 모음 오용

대중가요 노랫말 중에는 리듬감이나 음표와의 조응을 위해 조음소의 역할을 하는 모음 '-아, -으' 등을 의도적으로 삽입하여 맞춤법을 벗어난 경우가 있는데, 다음의 경우가 그러한 것들이다.

목포의 눈물 / 이난영 – 부두의 새악시 아롱 젖은 옷자락
박달재 사연 / 박재란 – 곱게 웃던 검은 머리 새악시
우리 애인은 올드 미스 / 최희준 – 강짜 새암이 이만 저만
산 너머 남촌에는 / 박재란 – 밀 익은 오월이면 보리 내음새

또 노랫말 중 모음을 잘못 사용한 경우도 나타나는데, 아래의 표현들은 각각 '뜨내기, 돌멩이, 알성급제, 고추, 베적삼, 소꿉장난, 소꿉동무, 괄시' 등이 올바른 표현이다.

모녀 기타 / 최숙자 – 그 노래를 불며 불며 뜨네기 평생
삼다도 소식 / 황금심 – 삼다도라 제주에는 돌맹이도 많은데
엽전 열닷냥 / 한복남 – 내 낭군 알상급제 천 번 만 번 빌고 빌며
평양기생 / 이미자 – 내 낭군 알상급제 빌고 또 비는
초립동 / 이화자 – 고초당초 맵다한들 시집보다 더할 손가
칠갑산 / 주병선 – 콩밭 매는 아낙네야 / 배적삼이 흠뻑 젖는다
삼천포 아가씨 / 은방울 자매 – 백사장에 소꼽장난하던 시절
새색시 시집가네 / 이연실 – 소꼽동무 새색시가 시집을 간다네

(11) 두음법칙의 오용

두음법칙은 어두에 나타날 때 적용된다. 그러나 두 번째 음절에도 적용된 경우가 있다. 다음이 그러한 경우이다.

(12) 대명사의 오류

과거 '어듸메, 어드미, 어드매, 어드메'가 현재의 표준어로는 지시대명사 '어디'로 '어느 곳'이라는 뜻으로 사용되었다. 이 잔영으로 나타나는 노랫말이 있는데, 이러한 사용으로 말미암아 의고적 분위기를 자아내고자 한 것이다. 다음은 각각 괄호 안처럼 써야 올바른 표현이다.

(13) 받침의 오류

우리말은 받침을 7개만 인정하는 상황에서 자칫 표기와 발음의 괴리에서 오는 혼동이 있다. 이에 따라 정확한 표기가 되지 않은 경우가 있는데, 다음의 노랫말들이 그러한 것이다.

전자는 '오지랖'이, 후자는 '들녘'이 정확한 표현이다.

> 서산 갯마을 / 조미미 – 아낙네들 오지랍(오지랖)이 마를 날이 없구나
>
> 영상 / 김재성, 안혜경 – 저 황혼에 어리는 저 들녁(들녘)에 어리는

(14) 기타 비표준어인 경우

이상의 경우 외에 비표준어로 쓰인 경우가 나타나는데, 다음의 노랫말을 보자.

① 간 큰 남자 / 김혜연 – 아주 염체가 없는 남자
② 강남 멋장이 / 문희옥 – 손에 들고서 노래하는 강남 멋장이
③ 당신이 버린 사랑 / 박우철 – 내 가슴을 송두리채 뺏어버린
④ 만남 / 노사연 – 그것은 우리의 바램이었어
⑤ 망향의 탱고 / 진방남 – 호들기 꺾어 불던 그 시절이
⑥ 박달재 사연 / 박재란 – 밤마다 흘린 눈물 벼갯머리 적시고
⑦ 불나비 / 김상국 – 아 너를 안고 가련다 불나비 사랑
⑧ 삼천포 아가씨 / 은방울 자매 – 옹기종기 부산 배는 떠나간다
⑨ 서울 구경 / 알려지지 않음 – 차표 파는 아가씨와 실갱이하네

⑩ 신고산 / 함경도 민요 — 산수갑산 머루다래는

⑪ 아빠의 청춘 / 오기택 — 노랭이라 비웃으며 욕하지 마라

⑫ 전선 야곡 / 신세영 — 정안수 떠 놓고서 아이들의 공 비는

⑬ 즐거운 목장 / 장세정 — 넓다란 밀집모자 옆으로

⑭ 오빠 생각 / 사 : 최순애 — 뜸북뜸북 뜸북새 논에서 울고

⑮ 짝사랑 / 고복수 — 아 아 뜸북새 슬피 우니 가을인가요

⑯ 짝사랑 / 고복수 — 아 아 으악새 슬피 우니 가을인가요

⑰ 터 / 신형원 — 무궁화 꽃내음 삼천리에 퍼져라

⑱ 흙에 살리라 / 홍세민 — 푸른 잔디 베개 삼아 물내음을 맡노라면

'① 염체'는 '염치'로 써야 옳다. 본래 이 말은 한자어 '廉恥'에서 온 말이기 때문이다. '② 멋장이'의 경우는 기술자의 의미가 아니기에 당연히 '멋쟁이'가 올바른 표현이다. '③ 송두리채'는 '송두리'라는 명사 뒤에 붙어 '그대로' 또는 '전부'의 뜻을 더하는 접미사 '-째'가 붙은 '송두리째'가 정확한 표현이다. '④ 바램'은 이 어휘의 기본형 '바라다'에서 명사형 어미 'ㅁ'이 결합한 '바람'이 정확한 표현이다. '⑤ 호들기'는 표준어가 '호드기'이다. '호드기'가 '호두기'에 비해 널리 쓰이므로 '호드기'를 표준어로 삼았다. '호들기'는 강원도 방언형이다.

'⑥ 벼갯머리'도 '베갯머리'가 옳다. '베개'는 15세기 문헌에 '벼개'로 나온다. '벼개'는 동사 어간 '벼-[枕]'에 접미사 '-개'가 결합된 형태이다. 17세기 문헌에는 '벼개'뿐만 아니라 '버개, 벼가' 등도 보이는데 이들은 '벼개'와 관련된 어형이다. 18세기 문헌에는 '벼개, 버개, 벼기' 등이 보인다. 19세기 문헌에 비로소 현대에서 표준어로 삼은 '베개'가 나타난

다. '베개'는 '벼개'의 제1음절 모음 'ㅕ'가 'ㅖ'로 변하여 '볘개'가 된 뒤에 '볘개'의 제1음절 모음 'ㅖ'가 'ㅔ'로 변한 어형이다. 20세기 문헌에는 '벼개, 버기, 베개' 등이 보인다. 20세기 초의 『조선어사전』(1920)에서는 '베개'를 표제어로 잡고 있다. 반면 『조선어사전』(1938)에서는 '벼개'를 표제어로 삼고, '베게'와 '베개'를 '벼개'의 방언으로 처리하고 있다. 그리고 『큰사전』(1950)에서는 '베개, 베게, 벼개, 비개'를 제시하고 '베게'를 중심 표제어로 잡고 있다. 이로 보면 '베개'는 '벼개〉볘개〉베개'의 과정을 거쳐 온 것임을 알 수 있다(국립국어원, 2003).

'⑦ 불나비'는 현행 맞춤법상 '부나비'가 옳다. 〈한글맞춤법〉 제4장 4절 28항의 내용을 보면 "끝소리가 'ㄹ'인 말이 어울릴 적에 'ㄹ' 소리가 나지 아니하는 것은 아니 나는 대로 적는다."라는 내용이 있다. 이에 따라 '불나비'는 '부나비'로, '불나방'은 '부나방'으로 적는 것이 현재는 옳은 표기이다.

'⑧ 조개껍질'은 '조개껍데기'가 정확한 표현이다. '껍질'의 사전적 의미는 '딱딱하지 않고 물체의 겉을 싸고 있는 질긴 물건의 켜'이고, '껍데기'는 달걀이나 조개 따위의 겉을 싸고 있는 단단한 물질이다. 단단하냐 그렇지 않느냐에 따라 의미를 구별하여 사용해야 하는 어휘이다.

'⑨ 실갱이'는 '실랑이'로 써야 옳다. 표준어 규정 제2장 4절 17항에서는 발음이 비슷한 형태가 여럿이 아무런 의미 차이 없이 함께 쓰일 때에는 그 중 널리 쓰이는 한 가지 형태만을 표준어로 삼도록 규정하고 있다. 곧 복수 표준어로 인정하면 오히려 혼란이 가중되어 단수 표준어로 처리하는 것이다. 따라서 '실갱이'는 버리고 '실랑이'를 표준어로 삼는다. '실갱이'는 전남 방언형이다.

'⑩ 산수갑산'은 원래 한자어 '三水甲山'에서 왔기에 '삼수갑산'이 올바른 표기이다. 이 어휘는 '우리나라에서 가장 험한 산골이라 이르던 삼수와 갑산'을 이르는 말로, 옛 문헌에서 잘 발견되지 않는다. 20세기 초의 『큰사전』(1957)에도 실려 있지 않다. 그러나 이 단어는 매우 오래 전부터 쓰였을 것으로 추정된다. '삼수갑산'의 '삼수'는 '三水'로 함남 북서쪽에 있는 지역이고, '갑산'은 '甲山'으로 함남 동북쪽에 있는 지역이다. 이 두 지역은 날씨가 춥고 산세가 험하기로 유명한 산골이다. 조선 시대에 유명한 귀양지였던 것도 바로 이러한 이유에서였다. '삼수'와 '갑산' 지역이 춥고 험한 지역이라는 점 그리고 이 두 지역이 유배지라는 점에서 이 두 지명이 결합된 '삼수갑산'은 '춥고 험한 지역'이나 '유배지' 등과 같은 일반적 의미를 띠게 된다. '삼수갑산'은 주로 동사 '가다'와 어울려 '삼수갑산을 가다.'라는 관용구를 이룬다(국립국어원, 2003).

'⑪ 노랭이'는 '노랑이'를 잘못 쓴 것으로, 'ㅣ'모음 역행동화 현상을 보인 경우이다. 현행 맞춤법에 'ㅣ'모음 역행동화 현상은 수의적 현상으로 보며 표준어로 인정하지 않는다. ⑫ 정안수'는 '정화수'의 잘못된 표현으로 '정화수'가 '정안수, 정한수'에 비해 널리 쓰이므로 '정화수'를 표준어로 삼았다. 표준어 규정 제25항은 의미가 똑같은 형태가 몇 가지 있을 경우 그 중 어느 하나가 압도적으로 널리 쓰이면 그 단어만을 표준어로 삼도록 규정하고 있다. 따라서 '정안수, 정한수'를 버리고 '정화수'를 표준어로 삼은 것이다.

'⑬ 밀집모자'는 '밀짚모자'로 써야 옳다. '밀짚'은 19세기 문헌에 '밀집'의 형태로 처음 나타난다. '밀짚'은 '밀+짚'으로 이루어진 합성어이다. '밀'의 15세기 형태는 '밀ㅎ'이었고(또 밀홀 봇고디 검도록 ᄒᆞ야 ─『구급

방언해 하』, 1466, 12쪽 앞면), '짚'의 15세기 형태는 '딮'이었다(쏘 볏 디프로 지 스라 -『구급방언해 하』, 1466, 34쪽 뒷면). 따라서 '밀딮'의 형태가 15세기 문헌에서부터 나타날 가능성이 있는데 18세기까지 문헌에 나타나지 않 는다. '딮'은 구개음화를 겪어 18세기부터 '짚'으로 나타난다. '짚'은 음 절말 제약 규칙에 의해 자음 앞이나 휴지(休止) 앞에서 '집'으로 표기된 다. 19세기에 나타나는 '밀집'은 바로 이런 과정을 거쳐서 표기된 형태 이다. 20세기 초기에 이르러서 '밀짚'의 형태가 나타난다(국립국어원, 2003). 어원상 뒷말은 '짚'에서 왔기에 '밀짚'을 표준어로 삼은 경우이다.

⑭~⑮ 뜸북새'의 올바른 표기는 '뜸부기'이다. '뜸부기'는 16세기에 '듬부기'로 나타난다. '듬부기'는 '듬북+-이'로 분석된다. '-이'는 명사 파 생 접미사이다. '듬부기'는 동물의 울음소리를 나타내는 의성어(듬북)와 명사 파생 접미사 '-이'가 결합하여 만들어진 동물 이름이다. '듬부기' 가 19세기 '쯤북이'가 되는 것은 어두 경음화 때문이다. 이미 15, 16세 기에 일부 어휘는 어두 평음의 된소리화를 겪었는데, 근대국어에 와서 이 현상은 더욱 일반화되었다(국립국어원, 2003). '뜸북새'는 '경기, 경남, 전남, 전북, 충남'의 방언형이다.

⑯ 으악새'의 올바른 표현은 '억새'이다. '으악새'는 '억새'의 경기 방 언형이다.

⑰~⑱ 내음'은 '냄새'가 올바른 표현이다. '내음'은 경상 방언형이다. 국립국어원(2003)을 참고하면 '냄새'가 소급하는 최초의 형태는 19세기 의 '내음시'이다. 18세기에 어두음절의 'ㆍ'가 'ㅏ'로 바뀜에 따라 'ㅐ'가 'ㅐ'로 바뀌고 'ㅐ'가 현대어와 같은 단순모음으로 바뀌었으므로, 이 '내 음시'는 20세기에 나타나는 '내음새'를 달리 표기한 것이다. '내음새'는

어원적으로 '(냄새가)나-+-이-(사동접사)+-음(명사 형성 접사)+-새(명사 형성
접사)'로 분석된다. 즉 '내음'에 파생 접사 '-새'가 결합한 것이다. 위의
'내음새'에서 제2음절 모음 '—'가 탈락한 것이 19세기와 20세기에 나타
나는 '냄새'이다. '내음'은 이러한 역사적 변천 속에서 명사형성 접사 '-새'
가 탈락한 형태가 아직도 나타나는 것이다.

다음의 경우는 '예쁘다'의 관형사형 '예쁜'과 사람을 뜻하는 의존명
사 '이'가 결합하여, '행실이 곱거나 마음이 착하며 얼굴이 예쁜 사람'
을 뜻하는 '예쁜이'가 잘못 쓰인 경우의 노랫말들이다.

1.2. 용언의 오용

(1) 어간의 오용

1) '-으-' 첨가

발음을 부드럽게 하거나 리듬감을 형성하기 위해 불필요한 모음을
첨가한 경우가 있는데, 아래의 노랫말 속에 나타나는 '-으-'이다. 이는
두 자음 사이에 끼여서 음을 고르게 하는 매개모음(媒介母音)의 성격을
지닌다. '날다'의 경우가 대표적인데 다음의 ①~⑫가 그러한 경우의

노랫말이다. 그러나 이는 맞춤법상 잘못된 표현이다.

노랫말 속의 경우를 살펴보자.

① 가을의 연인 / 문용주 – 날으는 기러기도 짝을 잃으면
② 내 노래에 날개가 있다면 / 김세화 – 날개가 있다면 날으는 새처럼
③ 젊은 내 고향 / 금호동 – 날으는 구름장을 비춰도 보면서
④ 여로 / 이미자 – 날으는 낙엽따라 어디론가 가버렸네
⑤ 애모의 노래 / 한상일 – 천사가 미소를 짓는 지평선을 날으네

'①~⑤'는 '날다'의 어근 '날-'에 '-으-'가 매개모음처럼 붙었다. 그러나 모두 어근의 'ㄹ'과 같이 '-으-'가 없어야 올바른 표현이다. 즉 '나는, 나네'가 올바른 표현이다. '①~④'의 올바른 표현 '나는'은 1인칭 대명사 '나'와 보조사 '는'이 붙은 형과 똑같다. 이로 인해 의도적이거나 '날다[飛]'의 의미를 명확히 하고자 하는 표현으로 '날으는'을 사용하는 것으로 보인다.

⑥ 가고파 / 김동진 – 지금도 그 물새들 날으리 가고파라
⑦ 강촌에 살고 싶네 / 나훈아 – 날이 새면 물새들이 시름없이 날으고
⑧ 옛 친구 / 김세환 – 하얀 꽃잎 따라 벌나비가 날으고
⑨ 저녁한때 목장풍경 / 위키리 – 기러기 떼 날으고 양떼를 몰고 오는
⑩ 고향초 / 장세정 – 남쪽나라 바다 멀리 물새가 날으면

> ⑪ 나는 울었네 / 손인호 — 지나간 옛 추억에 물새 날으던
> ⑫ 얼굴 / 윤연선 — 구름 속에 나비처럼 날으던 지난 날

'⑥~⑫'는 '-으-'가 없어야 올바른 표현들이다. 즉 '날리, 날고, 날면, 날던' 등이 정확한 표현이다.

이 외에도 다음과 같은 어휘에서 '-으-' 첨가가 나타나기도 한다. 물론 정확한 표현은 '시들면'이다.

> 기타 부기 / 윤일로 — 피었다가 시들으면 다시 못 필 내 청춘

2) '-이-' 첨가

원래 '-이-'는 사동이나 피동의 뜻을 추가할 때 덧붙이는 접사이다. 그러나 노랫말의 유연함과 리듬감 형성을 위해 맞춤법에 어긋난 접사 '-이-' 첨가 현상이 나타난다. '헤매다, 목메다, 설레다' 등이 '헤매이다, 목메이다, 설레이다' 등으로 나타나는 것이 대표적인 어휘들이다.

다음은 '헤매다'에 불필요한 '-이-'가 붙은 경우의 노랫말이다.

> 가는 봄 오는 봄 / 백설희 — 어린 몸 갈 곳 없어 낯선 거리 헤매이네
> 가을 편지 / 최양숙 — 낙엽이 사라진 날 헤매인 여자가 아름다워요

가을비 우산 속 / 최헌 – 아픈 가슴 달래며 찾아 헤매이는 가을비 우
산 속에
그대 내게 다시 / 변진섭 – 내가 그댈 사랑하는지 알 수 없어 / 헤매
이나요
그림자 / 서유석 – 그림자 내 모습은 거리를 헤매인다(헤맨다)
그 사랑이 울고 있어요 / 신정숙 – 이렇게 당신을 그리워하며 헤매이
고 있어요
길 / 조관우–발걸음 오시는 길에 헤매이다 나를 비껴
꽃바람 / 조용필 – 어둠속에 헤매이는 외로운 등불이여
나의 탱고 / 송민도 – 물새 우는 강 언덕을 헤매이면서
너에게로 또 다시 / 변진섭 – 내 마음을 닫아 둔 채로 헤매이다 흘러
간 시간
단장의 미아리 고개 / 이해연 – 화약 연기 앞을 가려 눈 못 뜨고 헤매
일 때
돌아와요 부산항에 / 조용필 – 그리워서 헤매이던 긴긴날의 꿈이었지
방안개 / 현미 – 임 생각에 그림자 찾아 헤매이는 마음
비 내리는 영동교 / 주현미 – 하염없이 헤매이네 밤비 내리는 영동교
서울 부르스 / 권윤경 – 어쩔 줄 몰라 빗속을 헤매이네 헝클어진
여인의 눈물 / 리타김 – 하염없이 헤매이는 쓸쓸한 여인이여

다음은 '목메다'에 불필요한 '-이-'가 붙은 경우의 노랫말이다.

가는 봄 오는 봄 / 백설희 – 집집마다 찾아봐도 목메이게 불러봐도

낙조 / 문주란 – 슬픈 사연에 슬픈 사연에 이 밤도 목이 메인다

눈물 젖은 두만강 / 김정구 – 추억에 목메인 애달픈 하소

비 내리는 호남선 / 손인호 – 목이 메인 이별가를 불러야 옳으냐

일자 상서 / 김부자 – 마음인들 편하리까 목메이는 이 사연

다음은 '설레다'에 불필요한 '-이-'가 붙은 경우의 노랫말이다.

가려진 시간 사이로 / 노는 아이들 – 처음으로 느꼈었던 수줍던 설레임

나는 못난이 / 딕훼밀리 – 설레이며 말 못하는 나의 마음을

또 만났네요 / 주현미 – 나도 모르게 생각만 해도 설레이는 내 마음

목화 아가씨 / 남진 – 열아홉 설레이는 꽃피는 가슴

사랑은 연필로 쓰세요 / 전영록 – 꿈으로 가득 차 설레이는 이 가슴에

워싱턴 광장 / 정시스터즈 – 그 사람은 누구일까 이 가슴 설레이네

이 마음 다시 여기에 / 노사연 – 설레이는 더운 가슴으로

이거야 정말 / 윤항기 – 나 혹시나 설레이는 이 마음은 왜 일까

자주댕기 / 이미자 – 님 찾아가는 순이 가슴 설레이네

지금은 헤어져도 / 해바라기 – 화초를 키우듯 설레이며 그날을 기다
리겠죠

짝사랑 / 릴리시스터즈 – 설레이는 마음을 달랠 길 없어

허공 / 조용필 – 설레이던 마음도 기다리던 마음도

환희 / 정수라 – 이 마음 설레이게 했어요

위의 대표적인 어휘 외에도 다음과 같은 몇몇 어휘에서도 의미 없

는 '-이-' 첨가가 나타난다. 다음은 각각 '하얀, 개고, 비친다, 굳세게, 갠' 등이 올바른 표현이다.

과수원 길 / 서수남, 하청일 — 하이얀 꽃 이파리 눈송이처럼 날리네

나는 가야지 / 문정숙 — 비가 개이고 산들바람이 정답게도

오! 나의 태양 / 나폴리 민요 — 하늘의 맑은 해는 비치인다

피리 불던 모녀고개 / 황금심 — 굳세게 살아가다오.

항구의 청춘시 / 남인수 — 날씨 개인 항구에 기적이 울면

3) '-우-' 첨가

'ㅂ' 불규칙 활용은 어간의 말음인 'ㅂ'이 '아'나 '아'로 시작되는 어미 앞에서 '오'로, '어'나 '어'로 시작되는 어미 및 매개 모음을 요구하는 어미 앞에서 '우'로 변하는 것이다. 그러나 그렇지 않아야 할 경우에 '-우-'가 의미 없이 첨가되어 나타나는 경우가 있다. 이것은 리듬감이나 유연함을 위해 첨가한 경우이다. '그립다, 즐겁다, 흥겹다, 정답다, 밉다, 가볍다, 아쉽다, 괴롭다' 등처럼 '-ㅂ다'형 용언들이 '-웁-'형으로 나타나 '그리웁다, 즐거웁다, 흥겨웁다, 정다웁다, 미웁다, 가벼웁다, 아쉬웁다, 괴로웁다' 등의 형태로 나타난다. 그러나 이러한 표현은 모두 잘못된 경우이다.

다음은 노랫말 속의 그러한 경우이다.

낙엽 따라 가버린 사랑 / 차중락 － 따스하던 너의 두 뺨이 몹시도 그
리웁구나

미운 사람 / 최진희 － 미웠다가 다시 그리웁고 또 다시

비 내리는 고모령 / 현인 － 넘어오던 그날 밤이 그리웁고나

신라의 달밤 / 현인 － 아 신라의 밤이여 / 아름다운 궁녀들 그리웁구나

청춘 고백 / 남인수 － 헤어지면 그리웁고 / 만나보면 시들하고

외나무다리 / 최무룡 － 복사꽃 능금꽃이 피는 내 고향 / 만나면 즐거
웁던 외나무다리

청춘 부라보 / 도미 － 즐거웁게 걸어가면은 / 어디에서 들려오는 사랑
의 노래

하이킹의 노래 / 도미 － 산울림도 즐거웁고 나 부르자

노래하며 춤추며 / 계은숙 － 모두 함께 모여서 흥거웁게 춤을 춥시다

목장 아가씨 / 백설희 － 콧노래 흥거웁게 부르면서

두 남매 / 방운아 － 오누이 정다웁게 자라났거만

사랑의 메아리 / 도미 － 새파랗게 젊은 가슴은 / 슬기롭고 정다웁구나

가버린 딩신 / 최진희 － 또 다시 딩신 생각 미웁다고 생각하면

길가에 앉아서 / 김세환 － 활짝 핀 웃음이 내 발걸음 가벼웁게

낙엽이 가는 길 / 나훈아 － 어디로 가나 지나온 긴 여름이 아쉬웁지만

해뜰날 / 송대관 － 뛰고 뛰고 뛰는 몸이라 괴로웁지만

　

　'-ㅂ다'형 용언들 외에도 사동접사 '-우-'의 형태로 '-우-'가 첨가되는
경우가 있는데 이 또한 잘못된 표현이다. 다음의 노랫말은 각각 '날리
고, 가려졌네, 웁니다, 안긴' 등이 정확한 표현이다.

> 꽃바람 / 조용필 — 상처 입은 마음은 허공에 날리우고
> 아직도 어두운 밤인가봐 / 전영록 — 우리 이제 지난 얘기 불꽃처럼
> 　　　　　　　　　　　　　　　　　　　날리우고
> 강남달 / 강석연 — 구름 속에 그의 얼굴 가리워졌네
> 꿈은 사라지고 / 최무룡 — 옛날 아쉬움에 한 없이 우웁니다.
> 정에 약한 남자 / 고영준 — 내 가슴에 안기운 채

4) '-르-' 첨가

요즘 두드러지게 나타나는 현상이, 의미 없는 '-르-'를 첨가하는 것이다. '낯선'이 '낯서른 / 낯설은'으로, '거친'이 '거치른 / 거칠은', '녹슨'이 '녹슬은', '물든'이 '물들은'으로 나타나는 것이 대표적이다. 이 또한 노랫말의 특수성으로 인해 유연함과 리듬감 형성을 위한 현상이나 모두 잘못된 표현들이다.

다음은 '낯설다'에 불필요한 '-르-'가 붙은 경우의 노랫말이다.

> 대동강 편지 / 나훈아 — 한 세월을 묻어 놓고 지금은 낯설은 나그네
> 　　　　　　　　　　　　　　　되어
> 대지의 항구 / 백년설 — 구름도 낯설은 영을 넘어서
> 두견화 사랑 / 백년설 — 낯설은 지붕 밑에 임을 불러
> 뗏목 2천리 / 이해연 — 낯설은 물새들도 벗이 되었네.
> 새벽 기차 / 다섯손가락 — 낯설은 거리에 내려 또 다시 외로워지는

얼룩진 항구수첩 / 명국환 - 알 수 없는 낯설은 항구마다

우연히 정들었네 / 박우철 - 낯설은 타향에서 / 의지할 곳 없던 몸이

울려고 내가 왔나 / 남진 - 누굴 찾아 여기 왔나 / 낯설은 타향 땅에

내가 왜 왔나

울어라 기타줄 / 손인호 - 낯설은 타향 땅에 그 날 밤 그 처녀가

유랑 오천키로 / 채규엽 - 청노새는 달린다. 낯설은 하늘가엔

철없는 아내 / 차도균 - 낯설은 남남 간에 너와 내가 만난 것은

향수 / 박재홍 - 이별하고 낯설은 타관에서

향수에 젖어 / 김철 - 낯설은 밤하늘에 외로운 저 달아

다음은 '거칠다', '녹슬다', '물들다'에 불필요한 '-르-'가 붙은 경우의
노랫말이다.

백마야 울지마라 / 명국환 - 거치른 타관 길에 주막은 멀다

젊은 그대 / 김수철 - 거치른 벌판으로 달려가자

추풍령 / 남상규 - 거치른 두 뺨 위에 눈물이 어려

녹슬은 기찻길 / 나훈아 - 휴전선 달빛 아래 녹슬은 기찻길

두 개의 작은별 / 윤형주 - 별빛에 물들은 밤같이 까만 눈동자

해변의 여인 / 나훈아 - 황혼 빛에 물들은 여인의 눈동자

5) '-아-' 첨가

다음의 노랫말처럼 색채어의 형용사가 관형사형으로 쓰일 때, 가락

의 운율을 맞추기 위해서 '-아-' 음을 의도적으로 삽입한 경우가 있다.
그러나 모두 '-아-'를 뺀 '빨간, 하얀, 파란' 등이 올바른 표현이다.

꿈 / 정유경 – 꽃잎에 물들인 빠알간
얼굴 / 윤연선 – 내 마음 따라 올라갔던 하아얀 그때 꿈을
내 아픔 아시는 당신께 / 조하문 – 파아란 하늘이 감싸오네

⑥ 모음 오용

노랫말 중에는 모음을 잘못 사용한 경우가 나타나는데 그 각각에
대해 ( )안에 올바른 표기와 함께 제시하면 다음과 같다.

님과 함께 / 남진 – 멋쟁이 높은 빌딩 으시대지만(으스대지만)
대답 없는 너 / 김종서 – 무엇도 해 줄 수가 없었던 나, 비라도 내리
길 바랬지(바랐지)
마지막 포옹 / 김수희 – 움추린(움츠린) 당신의 어깨에 눈물을
미소 속에 비친 그대 / 신승훈 – 너는 별빛보다 환하진 않지만 그보
다 더 따사로와(따사로워)
미워 미워 미워 / 조용필 – 나뭇잎이 떨어져 바람결에 딩굴고(뒹굴고)
바람 바람 바람 /김범용 – 언제 님은 오시려나 바람만 횡하니(휭하니)
부네
사랑의 메아리 / 도미 – 가죽 배낭 걸머매고(걸머메고)
저무는 충무로 / 한복남 – 서울이더냐 으시대는(으스대는) 인력거
짝사랑 / 고복수 – 여울에 아롱 젖은 이즈러진(이지러진) 조각달

청춘 등대 / 김선영 – 타국선 고동소리 들리여온다(들리어온다)
핑계 / 김건모 – 농담처럼 진담인 듯 건낸(건넨) 그 한 마디
향기 품은 군사우편 / 유춘산 – 복바치는(북받치는) 기쁨에 나는 울
　　　　　　　　　　　　　　　　　　　　　 었소

　다음의 노랫말은 '소곤소곤'이나 '소곤대다 / 소곤거리다'로 써야 할
것을 '소근소근'이나 '소근대다 / 소근거리다'로 잘못 쓴 경우이다.

나는 못난이 / 딕훼밀리 – 소근대는 너와 나를 흉보는 가봐
무너진 사랑탑 / 남인수 – 별빛아래 소근소근 소근대는 그날 밤
샌프란시스코 / 장세정 – 동상을 얼싸 안고 소근대는 별 그림자
페르샤 왕자 / 허민 – 페르샤 왕자 모래알을 움켜쥐고 소근거려도
하이킹의 노래 / 도미 – 산들바람이 산들산들 소근소근 그대여
홍콩아가씨 / 금사향 – 별들이 소근대는 홍콩의 밤거리

7) 자음 오용

　노랫말 중에 자음을 잘못 사용한 경우가 있다. 된소리로 표기해야
할 것을 예사소리로 표기하거나 7종성법에 따라 표기와 발음의 혼동
에서 비롯된 받침 오용이 그것이다.

밀짚 모자 목장 아가씨 / 박재란 – 넓다란 푸른 목장 하늘엔 구름 가네

위의 노랫말들은 된소리로 써야 옳은 것으로 각각 '널따란, 철썩이는'으로 써야 한다.

위의 노랫말은 받침을 잘못 사용하였는데 각각 '울부짖는, 짓궂은, 무릅쓰고' 등이 올바른 표현이다.

8) 통사적 오류

몇몇의 경우에는 문맥으로 보아 잘못된 표현들이다. '뵈이다'의 경우는 사동접사 '-이-'가 중복되어 표현된 경우로 '뵈지'나 '보이지'로 써야 옳으며 '지샌'은 문맥상 사동접사 '-우-'가 들어가야 옳은 표현이다.

9) 떨구다

표준어 규정 제26항에 의해, '떨어뜨리다, 떨어트리다'는 쓰임의 빈도가 거의 같기 때문에 복수표준어로 인정한 경우이다. 그러나 '떨구다'는 표준어 규정 제25항에 의해 의미가 똑같은 형태가 몇 가지 있을 경우 그 중 어느 하나가 압도적으로 널리 쓰이면 그 단어만을 표준어로 삼도록 규정하고 있다. 따라서 '떨구다'를 버리고 '떨어뜨리다, 떨어트리다'를 표준어로 삼는다.

따라서 다음의 노랫말 속의 어휘들은 각각 '떨어뜨린 / 떨어트린, 떨어뜨렸지 / 떨어트렸지, 떨어뜨리네 / 떨어트리네, 떨어뜨려주리 / 떨어트려주리, 떨어뜨리고 / 떨어트리고' 등이 올바른 표현이다.

10) 기타 비표준어

이상의 경우 외에도 비표준어를 사용한 경우가 많이 나타나는데, 올바른 표기를 ( )안에 함께 제시하면 다음과 같다.

① 경상도 청년 / 김상희 － 점잖하신(점잖으신) 사장님 타입이지만

② 그대의 이름은 / 심연옥 － 그리고 내 이름도 아르켜(가르쳐) 주리다

③ 꿈에 본 대동강 / 재홍 － 능라도 가물가물 구비치는(굽이치는) 대
동강 물

④ 님 그림자 / 노사연 － 님은 나의 마음 헤일(헤아릴)까 / 별만 해듯
거린(해끗거린) 밤

⑤ 동백 아가씨 / 이미자 － 헤일(셀) 수 없이 수많은 밤을 내 가슴 도
려내는

⑥ 못 다 핀 꽃 한 송이 / 김수철 － 긴긴 찬바람에 어이하리(어찌하리)

⑦ 무정한 그 사람 / 은방울 자매 － 야멸차게(야멸치게) 떠나가는 정
없는 그 사람아

⑧ 봉숭아 / 사 : 김형준 － 화창스런(화창한) 봄바람에 환생키를 바라
노라

⑨ 사랑은 연필로 쓰세요 / 전영록 － 사랑을 쓸려거든(쓰려거든) 연필
로 쓰세요

⑪ 아씨 / 이미자 － 저무는 하늘가에 노을이 설구나(섧구나)

⑫ 알뜰한 당신 / 황금심 － 울고 왔다 울고 가는 설은(설운) 사정을

⑬ 애인 / 태진아 － 이미 엎질러진(엎지른) 물인 걸 이미 깨진 유리잔
인 걸

⑭ 영산강 처녀 / 송춘희 － 영산강 구비도는(굽이도는) 푸른 물결

⑮ 인생은 나그네 / 방태원 － 애닲은(애달픈) 그 사랑에 조각조각 날
아간 꿈

⑯ 진고개 신사 / 최희준 － 헝크러진(헝클어진) 머리를 쓸어 올리며

⑰ 처녀 총각 / 강홍식 － 콧노래도 구성지다 멋드러지게도(멋들어지
게도) 들려오네

'④ 해듯거린'의 경우는 '해득거리다'나 '해끗거리다'의 관형사형을 잘못 쓴 경우로 문맥상 의미로 미루어 '해끗거린'을 잘못 쓴 경우이다. ④와 ⑤에 쓰인 '헤일'은 의미상 전자는 '헤아릴', 후자는 '셀'이 올바른 표현이다. '세-[算]는 15세기에 '혜-'라는 형태로 처음 확인된다. '혜→셰 →세-'의 변화를 겪은 것으로 파악된다. '혜→셰-'는 ㅎ의 구개음화 때문이며, '셰→세-'는 구개음화된 ㅅ 뒤에서 j계 이중모음이 단순모음과 구별되지 않게 되어 생겨난 변화이다. 15세기에 '혜-'는 "수량을 세다." 라는 의미와 "짐작하여 가늠하거나 미루어 생각하다."라는 의미를 동시에 가지고 있었다. 그러나 현대 국어에서 '세-[算]는 "수량을 세다."라는 의미만 담당하고, "짐작하여 가늠하거나 미루어 생각하다."라는 의미는 '헤아리-[考]가 담당하고 있다(국립국어원, 2003).

'⑧ 화창스런'은 일부 명사 뒤에 붙어 그러한 성질이 있음의 뜻을 더하고 형용사를 만드는 접미사 '-스럽다'의 관형형으로 대체로 앞에 오는 명사는 '복, 걱정, 자랑' 등처럼 내세울 만한 긍정적인 면이나, 숨길 만한 부정적인 면을 나타내는 것들이다. '화창'은 밝은 면을 뜻하는 명사로 이들 명사에 포함되지 않는다. 따라서 '화창한'이 자연스럽고 올바른 표현이다.

'③, ⑭, ⑯, ⑰, ⑱' 등은 소리대로 이어서 표현한 것으로 각각 어간과 어미를 구별해 표현해야 올바른 표현이다. ⑳은 '새빨갛다'의 관형형이기에 '새빨간'으로 써야 올바른 표현이다.

11) 의도적 모음교체

노랫말 용언 중에 의도적으로 모음을 달리 표현한 경우가 있다. 이는 음상을 강하게 하거나 의고적인 분위기를 자아내고자 쓴 경우로 보인다.

다음의 노랫말은 각각 '차가운, 내리고'가 올바른 표현이다.

(2) 어미의 오용

1) '-리요'

'이다'의 어간, 받침 없는 용언의 어간, 'ㄹ' 받침인 용언의 어간, 어미 '-으시-', '-으오-' 뒤에 붙어 혼잣말에 쓰이며 사리로 미루어 판단하건대 어찌 그러할 것이냐고 반문하는 뜻을 나타내는 종결 어미에 '-리오'가 있다. 한탄하는 뜻이 들어 있을 때도 있으며 '-랴'보다 장중한 느낌이 있다. 그러나 종결 어미에 '-리요'는 없다. 따라서 다음과 같이 쓴 노랫말은 모두 잘못된 표현이다.

가고파 / 이은상 — 꿈엔들 잊으리요

꿈꾸는 백마강 / 이인권 — 구곡간장 오로지 찢어지는 듯 누구라 알리

요. 백마강 탄식을

정말 가시나요 / 박우철 — 아 긴 사연을 내 어찌하리요.

애수의 소야곡 / 남인수 — 운다고 옛 사랑이 오리요만은 눈물로 달래

보는 구슬픈 이 밤

2) '-구료'

형용사 어간 또는 어미 '-으시-', '-었-', '-겠-' 뒤에 붙어, '하오'할 자리에 쓰여 화자가 새롭게 알게 된 사실에 주목함을 나타내는 종결 어미로 흔히 감탄의 뜻이 수반되는 것이 '-구려'이다. 또 이 '-구려'는 동사 어간이나 어미 '-으시-' 뒤에 붙어, '하오'할 자리에 쓰여 상대에게 권하는 태도로 시키는 뜻을 나타내는 종결 어미로도 쓰인다. 그런데 이 어미를 '-구료'로 쓴 노랫말이 다음과 같이 나타난다. 전부 잘못된 표현이다.

가는 세월 / 서유석 — 슬픔과 행복 속에 우리도 변했구료

못 잊어 / 장은숙 — 그런대로 한 세상 지내시구료

사랑에 속고 돈에 울고 / 나일연 — 낙화란 웬 말이요 야속하구료

3) '-예요'

'이다' 뒤에 붙어, '해요'할 자리에 쓰며 설명, 의문, 명령, 청유의 뜻을 나타내는 종결 어미는 '-에요'가 올바른 표현이다. 그러나 이를 '-예

요'로 쓴 노랫말이 있다. 모두 잘못된 표현이다.

4) '-구'

용언의 어간 뒤에 붙어, 서로 뜻이 대립되는 말을 벌여 놓는 연결 어미 '-고'가 있다. 그런데 이를 '-구'로 쓴 경우가 있다. 다음 노랫말처럼 세 경우인데 이들은 모두 '-고'로 써야 올바른 표현이다.

또 '해'할 자리에 쓰여, 어떤 물음 표현이 뒤 절로 올 것을 생략하고 문장을 끝맺음으로써 물음, 부정(否定), 빈정거림, 항의 따위의 뜻을 나타내는 종결 어미 '-고'가 있다. 앞에 있는 상대편의 어떤 말에 대한 대꾸의 성격을 띤다. 그러나 이 경우도 '-구'가 아닌 '-고'가 올바른 표현이다.

5) '-드-'

다음의 경우는 회상법 선어말어미 '-더-'로 써야 할 것을 '-드-'로 써서 잘못 사용한 경우이다.

바람 같은 사람 / 김국환 ─ 올 때는 마음대로 왔드래도(왔더라도)

쌍고동 우는 항구 / 은방울 자매 ─ 사랑이란 이별도 많드란다(많더란다)

얼룩진 항구수첩 / 명국환 ─ 술잔에다 맺어만 주고 괄세만 심하드라
(심하더라)

이정표 / 남일해 ─ 항구 잃은 연락선의 고동이드냐(고동이더냐)

인생 수첩 / 박재홍 ─ 이게 정말 인정이드라(인정이더라)

평양기생 / 이미자 ─ 무정트라(무정터라) 한탄 말고 욕하지마소

⑥ 된소리 표기 오류

어미 '-ㄹ게'는 받침 없는 동사 어간이나 'ㄹ' 받침인 동사 어간 뒤에 붙어, 구어체로 '해'할 자리에 쓰여 어떤 행동을 할 것을 약속하는 뜻을 나타내는 종결 어미이다. 여기에 존칭의 '-요'가 붙어도 '-ㄹ게요'가 올바른 표현이다. 따라서 이를 된소리로 '-ㄹ께'나 '-ㄹ께요'로 쓰는 것은 잘못된 표현이다.

너의 결혼식 / 윤종신 ─ 서글픈 부케 수줍은 듯한 네 미소 이해할께

내 사랑 울보 / 전영록 ─ 이 두 손으로 당신의 눈물 닦아줄께요

반면에 '-ㄹ쏘냐'는 받침 없는 용언의 어간, 'ㄹ' 받침인 용언의 어간,
어미 '-으시-' 뒤에 붙어, 예스러운 표현으로 '해라'할 자리에 쓰여 '어찌
그럴 리가 있겠느냐'의 뜻으로 강한 부정을 나타내는 종결 어미로 주로
의문문 형식을 취한다. 그러나 이를 '-ㄹ소냐'식으로 된소리를 표기하지
않으면 잘못된 표현이다. 표준어 규정 제2장 4절 17항에 의거하여 '-ㄹ
쏘냐'가 '-ㄹ소냐'에 비해 널리 쓰이므로 '-ㄹ쏘냐'를 표준어로 삼는다.
표준어 규정 제17항은 하나의 단어가 발음이 비슷한 몇 가지 형태로
쓰일 때, 그 중 하나가 더 널리 쓰이는 경우를 규정한 것이다.

7) 말아요

보조동사 '말다'에 명령형 어미 '-아(라)'가 결합하는 경우 '말아, 말아
라'가 아닌 '마, 마라'가 된다. 따라서 다음 노랫말에 나타난 표현들은

모두 '마라'로 써야 올바른 표현이다.

8) 기타 어미의 오용

어미 중에 의도적으로 모음을 표준어와 달리하여 음상을 강하게 하
거나 의고적인 형태를 취하려는 노랫말이 있다. 다음의 노랫말이 그것
들인데 각각 '-예요, 잊고자' 등이 올바른 표현이다.

참고로 어미에 해당되지는 않지만 접사가 잘못 사용된 경우도 발견
된다.

다음 노랫말은 동작 또는 상태를 나타내는 일부 어근 뒤에 붙어 '그
런 상태가 잇따라 계속됨'의 뜻을 더하고 동사를 만드는 접미사인 '-대

다 / 거리다'를 잘못 쓴 것이다. 따라서 전자는 '아롱대는 / 아롱거리는'
으로 후자는 '시큰대는 / 시큰거리는'으로 써야 올바른 표현이다.

또 피동접사의 혼동이 나타나기도 하는데 어근의 종성과 피동접사
가 결합하면서 거센소리로 나는 경우, 이에 대한 표기를 그릇되게 인
식하여 나타나는 현상이다. 다음 노랫말 중 전자는 피동접사 '-히-'가
아닌 '-이-'로 후자는 피동접사 '-히-'가 아닌 '-치-'로 써야 각각 올바른
표현이다.

1.3. 수식언의 오용

(1) 진정코

부사 '진정코'는 '거짓이 없이 참으로'의 뜻을 지닌 '진정(眞正)'을 잘
못 쓴 표현이다. 북한에서는 '어김없이 꼭, 또는 거짓 없이 반드시'의
뜻으로 '진정코'가 문화어로 인정되지만, 우리의 경우는 '진정'만 표준
어로 본다. 따라서 다음의 노랫말은 모두 잘못된 표현이다.

당신은 철새 / 김부자 – 당신의 이름은 무정한 철새 진정코 내가 싫
　　　　　　어 그러시나요
석별 / 홍민 – 너만을 사랑했노라 진정코 사랑했노라

(2) 모음 오용

부사 중에 모음을 잘못 사용한 노랫말이 여럿 발견된다. 우선 '어찌
된' 또는 '어떠한'의 뜻으로 쓰는 경우 '웬'이 올바른 표기이다. 다음의
노랫말은 모두 잘못 쓴 경우이다.

한 오백년 / 조용필 – 한 오백년 살자는데 왠 성화요
화류 춘몽 / 이화자 – 꽃다운 이팔청춘 눈물이 왠 말이며

노 다음 노랫말의 '닐니리'는 비록 발음은 그렇게 하는 것이 표준발
음에 가깝지만 '늴리리'로 써야 올바른 표기이다. '늴리리'는 태평소 소
리 '늴리리'에서 온 것으로 보인다. 이견으로 '나란히'의 평북 방언일
가능성도 있으나 문맥상 어울리지는 않는다.

닐니리 맘보 / 김정애 – 닐니리야 닐니리 닐니리 맘보
신 태평가 / 경기도 민요 – 아니 놀지는 못하리라. 니나노 닐니리야
　　　　　　닐니리야 니나노

이 외에도 '넌지시'나 '괜스레'도 다음의 경우처럼 '넌즈시'나 '괜시리'
로 잘못 쓴 경우가 있다.

또 의도적으로 모음을 교체하여 표현한 부사가 있다. 이는 음상을
강하게 하거나 의고적인 분위기를 만들기 위해서이다. 다음 노랫말의
'어데'는 '어디'로 써야 옳다.

(3) 기타 비표준어

'살짝'을 강조하여 이르는 부사는 '살짝궁'이 올바른 표현이다. 그러
나 다음의 노랫말처럼 '살짝쿵'으로 쓴 것은 잘못된 표현이다.

또 첩어의 성격을 지닌 부사 중에도 잘못 쓴 노랫말이 몇 있다. 바로 다음과 같은 경우이다. 이들은 각각 '이러쿵저러쿵, 얼키설키, 굽이굽이'가 올바른 표현이다.

다음은 일반적인 부사 중에 다음과 같이 잘못 쓴 경우가 있다. 이들은 각각 '일찍이, 나지막이, 애처로이, 곰곰이, 아스라이'가 올바른 표현이다.

삼(三)을 나타내는 수관형사가 '냥, 달, 동, 섬, 장, 줄, 짐' 등의 의존 명사 앞에 쓰일 때의 변이 형태는 '석'이 옳다. 그러나 다음의 노랫말 은 잘못 사용하고 있다.

맨 처음 고백 / 송창식 – 눈치만 살피다가 한 달 두 달 세 달

1.4. 독립언의 오용

노랫말에 사용된 감탄사 중에 된소리로 표현해야 할 것을 예사소리 로 표현한 경우가 있다. 다음의 경우가 그것인데 '얼씨구, 얼씨구절씨 구, 얼씨구나, 얼싸' 등이 올바른 표현이다.

개나리 처녀 / 최숙자 – 이팔청춘 봄이 가네 어허야 얼시구 타는 가
　　　　　　　　슴 요놈의 봄바람아
팔도강산 / 최희준 – 우리 강산 얼시구 에헤야
노랫가락 차차차 / 황정자 – 달도 차면 기우나리라 얼시구절시구 차
　　　　　　　　차차
최 진사 댁 셋째 딸 / 조영남 – 얼시구나 좋다 지화자 좋을시고 땡이
　　　　　　　　로구나

1.5. 외래어 표기 오류

우리 사회도 서구화, 국제화의 영향 아래 서구의 외래어가 범람하고 있다. 이러한 사회적 현상은 대중가요에 큰 영향을 미치고 있다. 21세기 이후의 대중가요에서는 과반수가 외래어로 불리는 것도 있을 정도이다. 20세기 후반도 지금보다는 못하나 외래어의 영향이 지대했다. 그러나 그 외래어들은 외래어 표기법에 따르지 않고, 작사가 나름의 발음대로 표현한 경우가 상당히 많다. 특히 우리의 외래어 표기법은 영어의 경우 발음기호를 참고로 하여 미어(美語)보다는 영어(英語) 쪽의 발음대로 표기하는 원칙을 대체로 지닌다.

다음에 제시하는 대중가요 노랫말을 살펴보자.

① 내 고향으로 마차는 간다 / 명국환 － 벤조를 우리며 마차는 간다
② 워싱턴 광장 / 정시스터즈 － 벤죠줄을 울리면서 생각에 젖어있는

'Banjo'는 미국의 민속 음악이나 재즈에 쓰는 현악기를 뜻한다. 외래어 표기법에 맞추어 표현하면 '밴조'라 해야 옳다. 그러나 위의 경우는 '벤조'로 표기하여 잘못 쓴 경우이다.

'Platform'은 기차 정거장의 승강장을 뜻한다. 이 어휘의 발음은 [plǽtfɔːm]이다. 따라서 이를 가지고 외래어 표기법을 적용하면 '플랫폼'이 옳은 표현이다.

'Glass'는 발음이 [glæs] / [glɑːs]로 두 가지가 모두 가능하나 우리는 미어식인 전자의 발음보다는 영어식인 후자의 발음을 대체로 따른다. 따라서 외래어 표기법에 따라 표기하면 '글라스'가 올바른 표현이다. '그라스, 글래스' 모두 잘못된 표현이다.

‘둥근 교차로’를 뜻하는 ‘Rotary’는 그 발음이 [róutəri]이다. 따라서 외래어 표기법에 따라 표기하면 ‘로터리’가 정확한 표현이다. ‘로타리’는 잘못된 표현이다.

> ⑪ 망향초 사랑 / 백난아 —뱃머리에 날리는 테프가 곱다
> ⑫ 청춘 부라보 / 도미 — 바람결에 쏟아지는 연분홍 테프

위의 경우 ‘테프’는 ‘Tape’를 표현한 것으로 그 발음은 [teip]이다. 납작한 끈이나 녹음 테이프 등을 나타낸다. 이를 ‘테프’로 쓰는 것은 잘못된 표현이다.

> ⑬ 밀짚 모자 목장 아가씨 / 박재란 — 시원한 밀짚모자 포푸라 그늘에
> ⑭ 즐거운 목장 / 장세정 — 양떼를 몰고 포플라 그늘에

‘Poplar’는 그 발음이 [páplər] / [pɔ́plər]로 앞의 경우처럼 후자의 것을 외래어 표기의 기준으로 삼아 ‘포플러’가 올바른 표기이다. 이를 ‘포푸라, 포플라’로 쓴 것은 외래어 표기법에 어긋난다.

> ⑮ 아빠의 청춘 / 오기택 — 원더풀 원더풀 아빠의 청춘 부라보 부라
> 보 아빠의 인생

⑯ 육군 김일병 / 봉봉사중창단 – 헤이 부라보 김일병 기상

⑰ 청춘 부라보 / 도미 – 노래명 자체

‘Bravo’는 ‘잘한다’, ‘좋다’, ‘신난다’ 등의 뜻으로 외치는 감탄사로 이탈리아 어이다. 그 발음은 [bráːvou]이다. 맨 마지막의 [ou]는 ‘ㅗ’로 표기한다. 따라서 정확한 표기는 ‘브라보’이다. 이를 ‘부라보’라 흔히 쓰는데, 잘못된 표현이며, 특히 이 어휘는 모 회사의 빙과류 이름에 ‘부라보콘’이 오랫동안 인기를 끌면서 잘못 사용되는 것이 더 일반화되어 있다.

⑬ 밀짚 모자 목장 아가씨 / 박재란 – 시원한 밀짚모자 포푸라 그늘에

⑭ 즐거운 목장 / 장세정 – 양떼를 몰고 포플라 그늘에

⑱ 딸칠형제 / 백설희 – 푸라타나스 향기 퍼지는

⑲ 마음이 울적해서 / 설운도 – 인자 잃은 나그네 노래 샨데리아 불
빛 속에 서성이면서

⑳ 미스고 / 이태호 – 나는 나는 사랑의 삐에로

㉑ 미스터 유 / 김지애 – 이봐요 미스타 유 얼굴은 왜 돌려

㉒ 경상도 청년 / 김상희 – 유모어는 없어도 너털웃음

위의 ⑱~㉒의 외래어 표기는 모두 잘못 쓴 표기이다. 각각 ‘플라타너스(Platanus), 샹들리애(Chandelier), 피에로(Pierrot), 미스터(Mr), 유머(Humor)’ 등이 올바른 표기이다. 그 중 ‘샹들리애’와 ‘피에로’는 프랑스 어이고 나머지는 영어이다.

다음의 ㉓~㊻의 외래어 표기는 정확한 표기를 ( ) 속에 제시하겠다.

㉓ 고향의 그림자 / 남인수 ― 똑딱선 푸로펠라(프로펠러) 소리가

㉔ 낭만에 대하여 / 최백호 ― 한 잔에다 짙은 섹스폰(색소폰) 소릴

㉕ 비오는 날 수채화 / 강인원 등 ― 음악이 흐르는 그 카페엔 초코렛
(초콜릿)색 물감으로

㉖ 빨간 마후라 / 쟈니브라더스 ― 빨간 마후라(머플러)는 하늘의 사
나이

㉗ 사랑의 트위스트 / 설운도 ― 잊지 못할 샹하이(상하이) 트위스트
나팔바지에

㉘ 내 사랑 쥬리안 / 최 희준 ― 내 사랑 쥬리안(주리안)은 마음씨 고
운 여자

㉙ 너 / 이종용 ― 내 곁을 떠난 뒤 외로운 짚시(집시)처럼

㉚ 네잎 크로바 / 이규항 ― 당신에게 드리고 픈 / 네 잎 크로바(클로
버) 사랑의 선물

㉛ 노들강 육백리 / 황정자 ― 나이롱(나일론) 치마 입은 세상살이

㉜ 노란 샤쓰의 사나이 / 한명숙 ― 노란 샤쓰(셔츠) 입은 말없는 그
사람이

㉝ 서울 부르스 / 권윤경 ― 오늘도 우네 오늘도 울어 서울의 부르스
(블루스)여

㉞ 슈샤인 보이 / 박단마 ― 슈샨 보이 슈샨 보이 슈슈슈슈 슈샨(슈샤
인) 보이

㉟ 신토불이 / 배일호 ― 순이는 어디가고 미쓰리(미스리)만 있느냐

㊱ 신토불이 / 배일호 ― 쑈윈도(쇼윈도)의 마네킹이 외제품이 춤을 추네

㊲ 쌈바의 연인 / 설운도 ― 사로잡는 그대 쌈바(삼바)춤을 추고 있는
그대

㊳ 아리조나 카우보이 / 명국환 ― 카우보이 아리조나(애리조나) 카우
보이

㊴ 아리조나 카우보이 / 명국환 ― 저 멀리 인디안(인디언)의 북소리
들려오면

㊵ 유랑 오천 키로(오천 킬로) / 채규엽 ― 허덕여 우는 칸데라(칸델라)

㊶ 인도의 향불 / 현인 ― 간디스 강(갠지스 강) 푸른 물에 찰랑거린다

㊷ 카츄샤(카투샤)의 노래 / 송민도 ― 오실 날을 기다리는 가엾어라
카츄샤(카투샤)

㊸ 페르샤 왕자 / 허민 ― 별을 보고 점을 치는 페르샤(페르시아) 왕자

㊹ 하얀집 / 패티김 ― 꿈꾸는 카사비안카(카사블랑카) 언덕위에 하얀
집은

㊺ 호반의 벤취 / 권혜경 ― 음―그림을 그리실까 / 호반의 벤취(벤치)
로 가봐야겠네

㊻ 우리 애인은 올드 미스 / 최희준 ― 털어주고 닦아주고 오 탱큐
(쌩큐)

㊼강남 멋장이 / 문희옥 ― 어쩌다 스리(쓰리 / 몰래) 살짝 미소만 주면

'㉖ 마후라'는 영어 'muffler'의 일본식 표현이다. '㉙ Gypsy'의 발음기
호는 [dʒípsi]로 어말의 '[p]'는 'ㅂ'으로 적기에 '집시'가 옳다. '㉛ 나이롱'
로 'nylon'의 일본식 표현이다. '㉜ 샤쓰' 또한 'shirt'의 일본식 표현이다.
'㉞ 슈샨'은 'shoeshine(구두닦기)'를 잘못 표기한 것으로 '슈샤인'으로 써야
옳다. '㊵ 칸데라'는 네덜란드 어 'kandelaar'에서 온 말로 '칸델라'가 옳

다. '㊶ 간디스 강(the Ganges)'은 현지의 원음을 중시한 '갠지스 강'이 올바른 표기이며, 'Korean Augmen-tation Troops to the United States Army'의 약자인 'KATUSA'는 발음기호가 [kətúːsə]이나 그동안 관용적 표현을 중시해 '㊷ 카투사'로 써야 올바른 것이다. '㊹ 카사비안카'는 아프리카 북부, 모로코의 대서양 기슭에 있는 항구 도시로 원어가 'Casablanca'이다. 원어 중 어중의 'l'을 'i'로 잘못 인식하여 '카사비안카'로 표기한 경우이다. 정확한 표현은 '카사블랑카'가 옳다. ㊼의 '스리'는 일본어 '掏摸'에서 온 것으로 보아 '쓰리'로 표기해야 하나 이보다는 '몰래'라는 우리말이 더 적당할 것으로 보인다.

1.6. 방언

노랫말 중에 방언이 몇 가지 나타난다. 다음은 그러한 것들이다.

① 그날 / 김연숙 − 두나 별들의 눈물을 보았지
② 아리랑 목동 / 김치켓 − 조롱조롱 달룽개가 제아무리 귀여워도
③ 울산 큰애기 / 김상희 − 내 이름은 경상도 울산 큰애기

'① 두나'는 사전에 실리지 않은 어휘로 '둘'의 강원, 경남 방언으로 보인다. 따라서 '두나 별'은 '두개의 별'이란 뜻이다. '② 달룽개'의 경우도 사전에 없으며, '달래'의 '경남, 전남, 전북, 충남, 충북' 등의 방언으로 '달룽개'가, '경남 방언'으로 '달룽개'가 있다. 따라서 표준어는 '달래'로 써야 옳다. '③ 큰애기'는 '처녀'를 뜻하는 '전남, 충남 방언'이다. 따

라서 표준어로는 '처녀'로 써야 옳다.

　당시의 시의성(時宜性)과 언어 현실이 잘 반영되는 예술작품 중에는 소설, 시 등의 문학 장르나 그림 등이 있지만 일반 대중에게 가장 쉽고 접근성이 빠른 것은 바로 대중가요일 것이다. 노랫말 속에 당시 대중들의 성정(性情)이 고스란히 들어있기 때문이다. 또한 대중가요의 자체 속성상 이를 담아내지 못하면 인기를 끌기 어렵기 때문이다. 이렇게 친숙하고 생활 속에서 대중들과 호흡하는 대중가요의 노랫말은 어쩌면 올바른 언어 생활의 최첨병이 아닐까 한다. 따라서 그러한 역할을 지닌 대중가요 노랫말이 맞춤법에 맞게 올바르게 표현되어야 함은 당연지사이다. 그러나 우리 대중가요의 노랫말에서는 그렇지 않은 것이 여럿 발견된다.

　따라서 이 글은 1950년대부터 1990년대까지, 즉 20세기 후반의 50여 년 간 대중들이 널리 애창했던 총 999곡의 대중가요를 대상으로, 맞춤법에 벗어난 경우를 꼼꼼하게 살펴보고 이에 대해 올바른 표현을 찾고자 하였다. 크게 체언, 용언, 수식언, 독립언, 외래어, 방언 등의 순으로 고찰하였고, 이에 대해 각각 정확한 표현을 제시하였다.

　대중가요는 그동안 서민들과 함께 하며 삶의 애환을 담아내기도 하고 위로를 해주기도 하며 큰 힘이 되어 왔다. 그런 이유로 대중들 속에 가요는 항상 함께 하였다. 따라서 대중가요의 노랫말을 짓고 부르는 가수들은 이 사회의 현상을 짊어지고 나간다는 소명(召命) 의식을 가져야 할 것이다. 이들의 손과 입 속에서 언중들의 언어가 좌지우지되기도 하는 것이 오늘의 현실이다. 따라서 심사숙고한 자세로 노랫말을 만들고 불러야 할 것이며, 언중들도 비판적 안목으로 노랫말을 대하여야 할 것이다. 또한 잘못된 노랫말은 과감히 올바른 표현으로 고쳐서 사용하거나 최소한 인식할 수 있도록 하여야 할 것이다.

다음으로 대중가요의 노랫말 오용이 시정되기 위해서는 저작권협회의 정서법 심사가 반드시 있어야 한다고 본다. 우리나라에서 대중가요가 등록되는 절차는, 가수가 작곡가와 작사가가 만든 노래를 편곡하여 열심히 가창 연습을 한 후 녹음하고, 음반을 생산한다. 그런 후에 저작권협회에 시디 2장과 서류만 제출하면 완료된다. 저작권협회에서는 작가나 곡의 내용이 사회 분위기를 위해하는 면이 없다면 대체로 승인하는 상황인 것이다. 노랫말 자체의 정서법에 대한 심도 있는 고려가 아쉬운 실정으로 현재의 상황은 오용이 남발하는 것을 방치하고 있다. 승인 시 이에 대한 엄격한 검사과정이 제시된다면 작사가들이 노래의 흐름에 큰 지장이 없다면 정서법에 맞는 올바른 표현들을 쓰리라 믿는다.

제 2 장

고등학생의 잘못된 발음에 대하여

─천안 지역 학생들을 대상으로

현재의 표준 발음은 널리 아는 바처럼 1989년 표준어 규정 중 제2부 〈표준 발음법〉에 따르는 것이 옳다. 그러나 그동안 우리의 중등 교육은 〈한글맞춤법〉 규정에 치중하면서 표준 발음에 대해 등한시했던 것이 현실이다. 필자는 이에 따라 올바른 표준 발음이 중등학교 현장에서 제대로 구현될 수 있도록 하기 위해 이 글을 집필하게 되었다. 이를 위해 현재 충남 천안 지역 고등학생들의 발음 중에서 가장 혼동되는 부문을 1차로 조사[4]해 보았다. 조사 결과 설측음화, 경음화, 'ㅔ'와

---

4) 1차 조사는 발음 부문에 대해, 구개음화, 두음법칙, 경음화, 설측음화, 말음법칙, 모음 발음 등으로 나누어 조사하였다. 그 결과 혼동을 크게 일으키는 발음을 순서대로 나열하면, 모음 발음(특히 'ㅔ'와 'ㅐ'의 구별), 경음화, 설측음화, 두음법칙, 말음법칙, 구개음화 등이었다. 그 중 혼동이 심각하다고 생각되는 앞 순위 3개만을 이 글에서는 취하였다.

‘ㅔ’의 발음 등과 관련된 부문에서 심각한 문제점이 발견되었다.

따라서 이들 발음과 관련된 어휘를 설문지를 통해 2차로 조사하고 혼동의 이유를 알아보고자 하였으며, ‘ㅐ’와 ‘ㅔ’의 발음에 대해서는 조음음성학의 관점에서 분석도 시도하였다. 조사 대상은 충남 천안 지역의 인문계 고등학교 2학년과 3학년 총 152명을 대상으로 하였으며, 문과 학생 66명, 이과 학생 86명이었다. 성별은 모두 남학생들이었다. 학생들의 학력 수준은 중상위권 학생들이다.

1. 잘못된 발음 실태

1.1. 설측음화

설측음화 현상과 관련된 어휘 8개를 제시해 보았다. 그 중에는 설측음화가 이루어져야 하는 어휘 5개와 그렇지 않은 어휘 3개를 무순으로 제시하였다.

설측음화가 일어나는 어휘 다섯은 일상생활에서 흔히 사용하는 어휘 셋(논리, 연령, 산란)과 그렇지 않은 어휘 둘(변리사, 변론)을 제시해 보았다. 또 설측음화가 일어나지 않아야 할 어휘 셋은 고등학교 과정에서 흔히 접할 수 있는 어휘 하나(무신론)와 그렇지 않은 어휘 둘(음운론, 동원령)을 제시해 보았다.

설문지를 통해 올바른 발음을 제시한 응답수와 그 비율을 표로 제시하면 다음과 같다.

(아래 표에서 배경을 달리한 것은 설측음화가 일어나는 어휘, 무배경은 설측음화가 일어나지 않는 어휘를 나타낸다.)

순	단어	올바른 발음	응답수	응답률(%)
1	음운론(音韻論)	음운논	77	50.7
2	무신론(無神論)	무신논	59	38.8
3	논리(論理)	놀리	146	96.1
4	변리사(辨理士)	별리사	126	82.9
5	연령(年齡)	열령	133	87.5
6	동원령(動員令)	동원녕	69	45.4
7	변론(辯論)	별론	125	82.2
8	산란(散亂)	살란	142	93.4

〈표 3〉 설측음화 관련된 어휘들의 응답 실태

위 표에서 보는 바와 같이 설측음화가 일어나지 않아야 할 어휘들을 정확하게 발음한 경우는 38~51% 가량이었다. 특히 고등학교 과정 〈윤리〉과목에 흔히 등장하는 '무신론'도 '무신논'이라 발음하는 경우는 38.8%에 불과하고, 나머지는 모두 '무실론'으로 발음하고 있었다. 고등학생에게 생소한 '동원령'이라는 단어도 '동원녕'이라는 표준 발음보다는 설측음화 현상이 일어난 '동월령'으로 대다수 발음하고 있었다. 반면에 설측음화가 일어나는 환경의 어휘들에 대해서는 대체로 발음을 잘 하고 있는 편이었다. 이러한 현상은 'ㄹㄹ'이 꼭 와야 한다는 설측음화 방식을 고집하는 현상에서 비롯된 것으로 보인다. 설측음화는 한 단어 내에서 일어나는 현상이지 합성어의 자질을 가진 한자어에는 그렇지 않음을 알지 못하는 현상에서 기인한 것이다.

그들에게 이렇게 발음하는 이유를 다음 질문으로 제시해 보았다. 그 질문에 대한 응답은 다음 표와 같았다.

순	이유	응답수	응답률(%)
1	주위 친구들이 그렇게 발음해서	11	7.2
2	선생님으로부터 배워서	5	3.3
3	방송 출연자들이 그렇게 발음해서	4	2.6
4	국어사전이나 다른 자료를 참고해서	1	0.7
5	발음을 해보니 그렇게 발음되어서	79	52.0
6	어릴 때부터 그렇게 써 왔기에	51	33.6
7	기타	1	0.7

〈표 4〉 설측음화 관련된 어휘들의 발음 이유

위 표를 통해 볼 때 설측음화가 일어나지 않아야 할 환경의 어휘를 설측음화로 발음하는 것은, 그들 스스로 '그렇게 발음하는 것이 옳다.'는 생각이 팽배함을 알 수 있고, 이러한 것들은 자의적으로 판단하여 발음하거나 어릴 때부터 잘못된 발음을 학습한 결과임을 알 수 있었다. 따라서 이들의 표준 발음을 지도해야 할 중등학교 국어교사들은 설측음화가 일어나지 않을 수도 있는 환경을 제시하고, 가르쳐야 하며, 표준 발음대로 발음하는 것이 올바른 의사 전달의 선결과제임을 각인시킬 필요가 있다.

1.2. 경음화

요즘 사람들의 경음화 현상에 대해 학자들 간에도 이견이 분분하였다. 경음화가 일어나지 말아야 할 음운론적 환경에서 경음화가 나타나는 현상에 대해 각박한 세태를 반영한 음운 현상5)이니, 잠시 일어나는 현상에 불과하다느니 하는 등의 의견이 분분했던 것이 사실이다. 현 고등학생들에게도 근거 없는 경음화는 자주 나타나고 있다. 경음화를 통해 자기가 표현하고자 하는 바를 인상이 강하게 남도록 하기 위한 방책으로 보인다. 이와 관련하여 사회적 흐름이나 자의적인 의도로 경음화를 나타내는 몇 단어가 있다. 대표적인 것들이 '효과, 교과서, 관건, 창고, 김밥, 불법, 체증, 급증' 등이다. 따라서 필자는 이들이 경음화가 되지 않아야 함에도 불구하고 경음화된 표현으로 발음되는 실태가 어떠한지를 알아보기 위해 설문지에 이들 어휘 여덟 개를 제시하고

---

5) 이러한 현상에 대해 혹자들은 중세로 내려오면서 전쟁이나 기아 상태와 같은 사회적 격변기를 거치면서 나타나는 현상으로 강음화(强音化)가 나타난다고 본다. 그러면서 왕조의 성쇠와 함께 병자호란이나 임진왜란과 같은 외세의 침략 등 사회적 격변 사태는 언어의 소리에도 영향을 미쳐, 우리의 말소리를 이처럼 경직되고 격한 소리로 바꾸어 놓았다고 본다. 그러나 이러한 현상이 지극히 편한 지금도 유지되는 것에 대해서는 아마도 복잡한 사회생활로 인한 갈등이나 불만, 상대적 빈곤감 따위의 해소 작용이라는 심리적인 면에서 그 요인을 찾는다. 그뿐만 아니라 이런 경직되고 거친 말소리는 무질서와 과소비, 퇴폐 풍조, 폭력 사태 등으로 얼룩진 사회 병리 현상과도 반드시 무관하지 않을 것으로 본다.

정확한 발음을 물었다. 그 결과 다음 표와 같은 응답 실태를 얻을 수 있었다.

순	단어	올바른 발음	응답수	응답률(%)
1	효과(效果)	효:과	56	36.8
2	교과서(敎科書)	교:과서	61	40.1
3	관건(關鍵)	관건	53	34.9
4	창고(倉庫)	창고	70	46.1
5	김밥	김:밥	64	42.1
6	불법(不法)	불법	53	34.9
7	체증(遞增)	체증	131	86.2
8	급증(急增)	급증	67	44.1

〈표 5〉 경음화와 무관한 어휘들의 응답 실태

위 표에서 보는 바와 같이 '7. 체증'만 대체로 올바르게 발음하는 편이고, 대다수는 경음화하지 않아야 할 어휘를 경음화된 경우로 발음하였다. 특히 '4. 창고'의 경우는 [창쾨로 발음되기도 해서, 격음화 현상이 4% 가량 나타나기도 했다. 발음이 올바르지 않은 경우는 '관건'과 '불법'이 가장 심했다. '체증'의 경우는 일상생활이나 방송을 통해 '교통체증'이라는 어휘를 빈번하게 들으면서 올바른 발음이 인식되어 나타난 현상으로 보인다. '5. 김밥'의 경우는 국어사전에서조차 [김:빱]으로 발음을 제시할 정도6)로 혼동된 경우이다. 특히 '효과, 교과서, 김밥'의 경우는 첫 음절의 장음을 고려하지 않는 데서 나오는 혼동이기도 하다.

　그러면, 이렇게 발음하는 근거를 무엇이라 하는지 다음 표를 통해 알아보자.

순	이유	응답수	응답률(%)
1	주위 친구들이 그렇게 발음해서	14	9.2
2	선생님으로부터 배워서	7	4.6
3	방송 출연자들이 그렇게 발음해서	7	4.6
4	국어사전이나 다른 자료를 참고해서	2	1.3
5	발음을 해보니 그렇게 발음되어서	74	48.7
6	어릴 때부터 그렇게 써 왔기에	45	29.5
7	기타	3	1.9

〈표 6〉 경음화와 무관한 어휘들의 응답 실태

　위 〈표 4〉의 경우와 같이 단연 '5항'이 많았다. 즉 발음이 그렇게 되기 때문이라는 것이다. 이는 자기 생각대로 발음하는 자의적 태도에서 비롯된 것이다. 엄연히 표준 발음 규정이 있음에도 불구하고 ―그런 규정이 있는지조차 모르는 학생도 있었다.― 자기가 편한 대로 발음하

---

6) 『동아 새국어사전』(1994)-이 책은 2007년 개정판에 [김:밥]을 표준 발음으로 정정하였다.

는 것이다. 다음으로 어릴 때부터 잘못된 발음 환경에 노출된 상태에서 배운 발음을 그대로 따르는 경우가 많았다. 그 다음으로는 주위 친구들이나 사람들로부터 그렇게 하는 것을 많이 들어 그렇게 한다는 응답이다.

이러한 실태 조사를 바탕으로 앞으로 어떻게 경음에 대한 올바른 발음 지도를 수행할 것인가? 경음화 현상은 제2부 표준 발음법의 제6장에 자세히 설명하고 있다. 그런데 제28항을 보면 '표기상으로는 사이시옷이 없더라도 관형격 기능을 지니는 사이시옷이 있어야 할(휴지가 성립되는) 합성어의 경우에는 뒤 단어의 첫소리 'ㄱ, ㄷ, ㅂ, ㅅ, ㅈ'을 된소리로 발음한다.'라 하고, 예로 '아침밥[아침빱]'을 제시한다. 그러나 '김밥'의 경우는 표면적으로 음운론적 환경이 비슷해 보이지만 선행하는 '김'이 관형격 기능이 아니기에 [김:밥]이 옳음을 학생들에게 지도해야 할 것이다. 즉 음운론적 환경만 고려할 것이 아니라 형태론적 환경도 발음에서는 중요함을 인식시켜야 한다.

그리고 '5. 김밥'을 제외하고는 모두 한자어 어휘들이다. 한자어의 경우는 제26항에 제시된 바와 같이 '한자어에서 'ㄹ' 받침 뒤에 연결되는 'ㄷ, ㅅ, ㅈ'은 된소리로 발음한다.'는 규정만 두고 있다. 그러나 이런 규정만으로 설명해서는 부족하다. 실제적으로 이 외의 환경에서는 한자 낱자 고유의 경음성에 따라 경음화 현상이 나타날 수 있음을 주지시킬 필요가 있다. 이음절어 한자어에서 후행음절에 경음화가 잘 일어나는 한자로는 '가(價), 건(件), 권(圈), 권(權), 법(法), 증(症)' 등이 있다. 특히 법(法)의 경우는 '법(法)'이 후행하는 이음절어 한자어 총 272어휘 중 경음화가 나타나는 경우가 192개 어휘로 71%이다. 그러나 그렇지 않은 어휘로 '불법(不法), 고법(古法)' 등처럼 80개 어휘는 경음화가 나타나지 않음을 알아야 한다. 따라서 후행음절 위치에서 경음성을 자주 띠는 한자와 그렇지 않은 한자에 대한 체계적인 지도가 필요하다. 경음성 한자에 대한 자세한 논의는 김홍석(2006:40)에 나타난다.

1.3. 'ㅐ'와 'ㅔ'의 발음

최근 우리 사회에서 가장 문제가 되는 발음이 'ㅐ'와 'ㅔ'이다. 이에 대한 자세한 실태 보고서가 2002년 국립국어원에서 〈표준 발음 실태 조사〉라 하여 이루어졌다. 이 보고서에 따르면 'ㅐ'와 'ㅔ'의 음가 구별이 희미해져 중화되는 현상이 적게는 61.42%에서 많게는 95.71%까지 나타난다고 하였다 즉 'ㅐ[ɛ]'와 'ㅔ[e]'의 중화음인 [E]로 나타난다는 것이다. 이러한 현상은 젊은 층이 열린 모음 'ㅐ'를 발음할 때 충분히 입을 벌려 발음하지 않는 경향에서 비롯된 것으로 본다(최혜원 외, 2002: 1-2). 'ㅐ'와 'ㅔ'의 세대별 비교표를 참고하면 중화음 [E]가 20대에서는 92.87%이었던 것이 차츰 나이가 들면서 50%까지 떨어지는 현상이 나타난다. 이는 장년층으로 갈수록 이들 모음의 구별이 정확한 편이며, 반대로 젊은 층일수록 이에 대한 변별력이 없음을 단적으로 보여주는 예이다(최혜원 외, 2002:39).

이상의 실태 보고서처럼 필자가 조사한 바도 그와 크게 다르지 않다. 필자는 'ㅐ'와 'ㅔ'의 구별을 위해 가장 빈번히 쓰는 '내[予]'와 '네[如]'에 대해 발음을 직접 써 보라는 설문을 해 보았다. 특히 '네가'의 발음에 주목하여 조사해 보았는데 그 결과를 표로 제시하면 다음과 같다.

순	발음	응답수	응답률(%)
1	[니개	85	55.9
2	[내개	16	10.5
3	[네개	46	30.2
4	기타(니에가, 뇌가 등)	5	3.2

<표 7> '네가'에 대한 발음 실태

위 표를 보면, 깜짝 놀랄 만한 결과를 얻을 수 있다. 표준 발음 [네개는 불과 30.2%에 불과하고, 오히려 [니개가 압도적이며, [내개로 발음하는 경우도 상당수 있었다. 이와 같이 [니개로 흔히 발음하는 이유는 무엇일까? 다음 표는 그 근거를 학생들이 제시한 것이다.

순	이유	응답수	응답률(%)
1	'내가'와의 혼동 구별	57	67.1
2	발음의 편의	9	10.6
3	주위 사람들의 발음	18	21.2
4	기타	1	1.1

<표 8> [니개로 발음하는 이유

그 근거를 살펴보면, '내가'와 혼동되는 발음을 구별함이 주된 요인임을 알 수 있다. 이는 앞서 제시한 중화 현상과도 무관하지 않다. 따

라서 조속한 시기에 이에 대한 명확한 발음 교육이 이루어져야 한다고 본다.

필자는 아울러 'ㅐ'와 'ㅔ'의 혼동에 대한 조음음성학적 고찰도 병행하였다. 이것은 이 두 모음이 어떤 모습으로 나타나는지를 시각적, 정량적으로 살펴봄으로써 정확한 발음 지도에 도움을 얻고자 시도해 본 것이다.

음향분석 프로그램은 2005년도판 WaveSurfer 1.8.5를 이용하였다. WaveSurfer[7]로 실험한 절차는 우선 요즘 가장 많이 혼동하는 '네'와 '내'의 발음 형태를 먼저 분석해 보고, '네가'와 '내가'를 그 다음으로, '네가 그린 그림이 내가 그린 그림보다 낫다.'라는 문장을 마지막으로 읽어 보는 순이었다.

뒤의 그림에서 상단의 Waveform(파장 형태-이하 W), 중단의 Spectrogram(스펙트로그램-이하 S), 하단의 Power plot(조음력 도표-이하 P)의 형태는 '네'나 '내'가 큰 차이가 없다. 이것만으로는 각각의 음절을 달리 표현하고 있다고 보기 힘들다.

---

7) WaveSurfer 보는 요령은 맨 위가 Waveform(파장 형태), 중간이 Spectrogram(스펙트로그램), 맨 밑이 Power plot(조음력 도표)을 나타낸다. 또 Spectrogram 중 맨 아래 선은 F1, 그 바로 위 선은 F2로, F1은 고모음일수록 KHz가 낮게 나타나고, F2는 전설성이 강할수록 KHz가 높다.

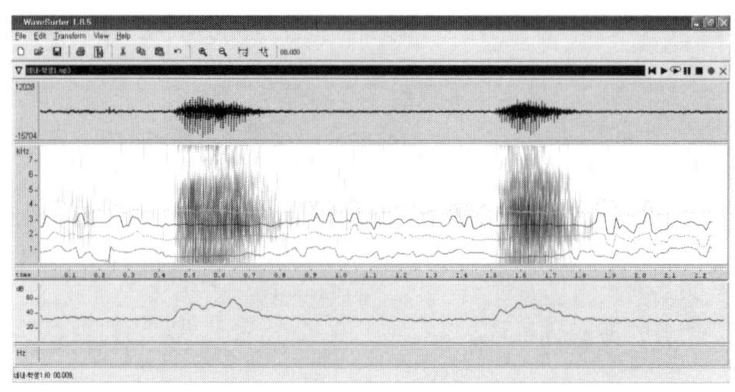

<그림 1-1> '네'와 '내'의 학생 발음

그러나 다음의 그림을 보자.

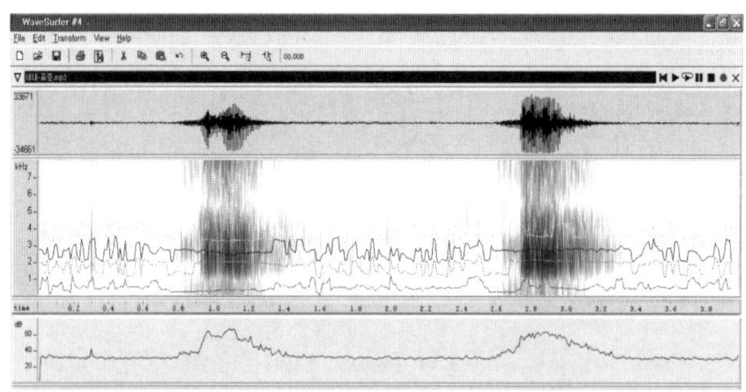

<그림 1-2> '네'와 '내'의 표준 발음

<그림 1-1>와는 달리, W는 '내'가 진폭이 크게 나타나며, P의 경우는 '내'가 조음력이 강하게 나타나고 있다. S의 경우는 '내'의 형태가 짙고, 고음성[+High]을 표시하는 F1의 모습도 '네'보다 '내'가 좀 더 높다는 저모음[-High]을 나타내며, 전설성[+Ant]을 표시하는 F2의 모습도 '네'가 '내'보다 약간 높음을 알 수 있다.

그러면 '네'와 '내'가 포함된 어절 속에서의 모습은 어떤지 알아보자.

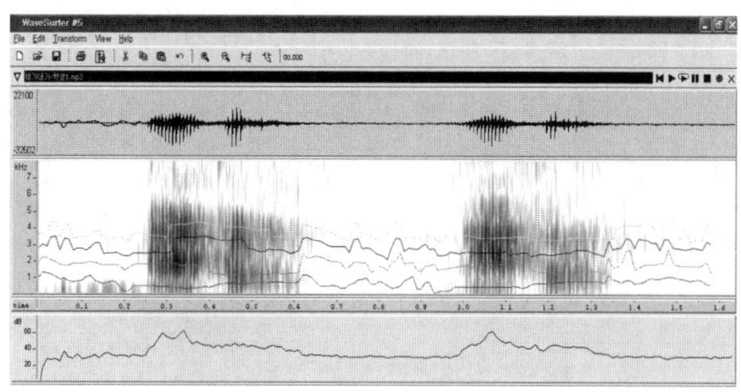

〈그림 2-1〉 '네가'와 '내가'의 학생 발음

위의 〈그림 2-1〉은 '네가'와 '내가'의 발음이 W, S, P 모두 차이가 없고 같다. 이는 어절 속에서 구별하지 않고 발음함을 알 수 있다.

그러나 표준 발음을 나타낸 다음의 그림을 보자.

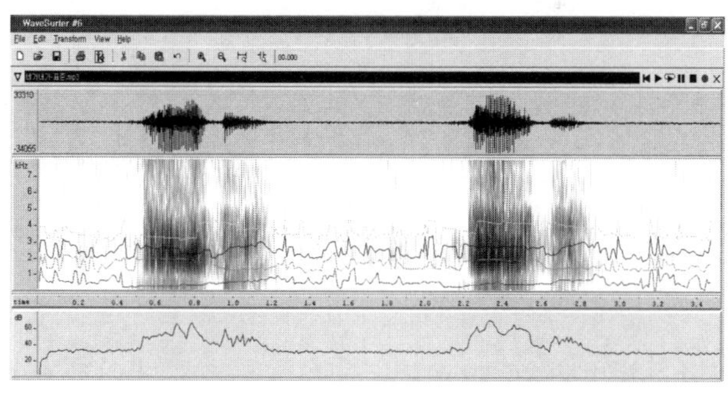

〈그림 2-2〉 '네가'와 '내가'의 표준 발음

〈그림 2-1〉와는 달리 W는 '내가'가 진폭이 크고, P의 경우는 '내가'

가 조음력이 강하게 나타나고 있다. S의 경우는 '내가'가 형태가 짙고, 고음성[+High]을 표시하는 F1의 모습도 '네가'보다 '내가'가 좀 더 높은 [-High]을 나타내며, [+Ant]을 표시하는 F2의 모습도 '네가'가 '내가'보다 약간 높음으로 미루어, '네가'가 전설성이 있음을 알 수 있다.

다음으로 '네'와 '내'가 들어간 문장 속에서는 어떠한 모습을 띠는지 알아보자.

우선 학생의 발음부터 보면 다음 그림과 같다.

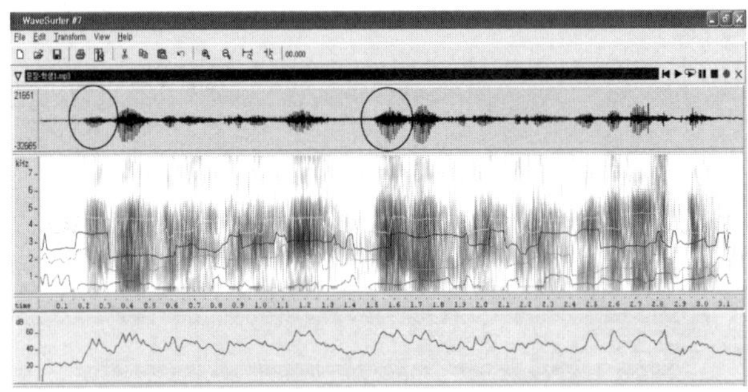

〈그림 3-1〉 '네가 그린 그림이 내가 그린 그림보다 낫다.'의
학생 발음

그림에서 ○로 표시한 부분이 '네'와 '내'를 발음한 부분이다. W의 모습이 단음절어 때의 모습보다 진폭에 확연히 차이가 난다. 그러나 그 파형의 모습이나 P의 모습은 별 차이가 없음을 쉽게 확인할 수 있다. S의 모습에서는 뒤에 발음된 '내'가 더 짙게 나타나며, F1의 경우는

KHz의 높이가 같고, F2의 경우도 두 경우의 높이가 같다. 이는 '네'와 '내'가 확실한 구분 없이 발음되었음을 쉽게 알 수 있다.

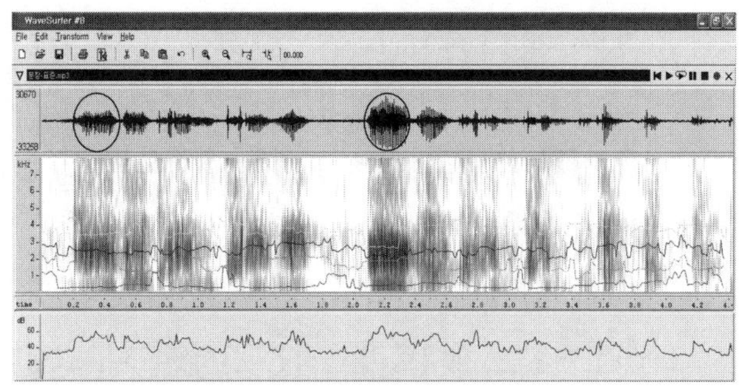

<그림 3-2> '네가 그린 그림이 내가 그린 그림보다 낫다.'의
표준 발음

반면에 표준 발음으로 발음한 문장의 경우를 보자.

그림의 ○안의 모습이 확연히 차이가 난다. W의 경우 '네'의 진폭이 마치 럭비공 모양이라면, '내'의 모습은 도시락 모양이라고나 할까? P의 모습도 '네'가 '고-저-고-저-고'의 모습이라면, '내'는 '저-고-저-저-저'의 모습이다. S의 경우는 더 상세히 차이가 남을 알 수 있다. 짙은 것은 물론이고, F1에 있어서도 '내'가 '네'보다 훨씬 높은 선이 나타난다. F2의 경우도 약간 차이가 나타나고 있다. 이로써 '내'가 저음성[-High]임을 확실하게 보여준다. 그런데 전설성에 있어서는 이들 단어가 표준 발음에서도 큰 차이가 나지 않음으로 미루어, 전설성[Ant]의 정도는 두 어휘가 차이가 많지 않음을 알 수 있다. 따라서 '네'와 '내'의 구별을 위한 지도는 전설성에 치우치기보다는 [고음성] 또는 [개방성]으로 지도해야 함을 알 수 있다. 이것은 입술의 개폐 정도와도 밀접한데 결국 'ㅐ'는 입술 모양을 더 크게 벌려서 발음할 수 있도록 하며, 'ㅔ'는 입술 모양을 좀 작게 오므려서 발음하도록 지도해야 할 것이다.

이상에서 천안지역 고등학생 100여 명을 대상으로 흔히 잘못 발음하는 현상을 세 가지 측면에서 살펴보았다.

우선 설측음화의 경우 'ㄴ'과 'ㄹ'이 연이어 나타나는 어휘일 때 익숙하게 많이 들었던 어휘는 제대로 발음하는 편이었으나, 그렇지 않은 어휘는 과반수가 정확하게 발음을 하지 못하였다. 특히 합성어적 자질의 한자어의 발음을 정확하게 하지 못하였는데 이는 설측음화와 무관하며 한 단어 내에서 'ㄴ과 'ㄹ'이 연이어 나타날 때 설측음화가 일어남을 지도해야 한다.

경음화 부문에서는 한자어 사이에서 사이시옷 현상이 일어나지 않는다는 지도가 우선 이루이져야 힌다. 그 다음으로 경음성을 지닌 힌자어에 대한 지도를 해야 한다. 어떤 한자들이 이음절어 이상일 경우 후행음절에서 경음으로 소리 나는가에 대한 이해가 필요하다는 것이다. 또한 이를 지도하는 선생님들도 수시로 표준 발음에 대해 익히고 연습하며, 경음성 한자에 대한 지식을 습득하는 것이 무엇보다 필요하다. 아울러 잘못된 발음이 더 이상 확장되지 않도록 학교 현장에서 발음에 대한 심도 있는 학습이 선행되어야 할 것이다.

'ㅐ'와 'ㅔ'의 구별에 대해서는 심각한 현재의 상황을 하루 속히 정정해야 함을 인식하고, 혀의 높낮이와 입술의 개폐 정도에 따라 올바른

표준 발음을 구사할 수 있도록 지도해야 할 것이다. 즉 현재보다 'ㅐ'
를 발음할 때는 입술 모양을 더 크게 벌리고, 'ㅔ'는 좀 오므리면서 발
음할 수 있도록 지도가 구체적으로 실행되어야 할 것이다.

국어 어휘 범주의
완곡어(婉曲語) 고찰

인간은 공동체 생활을 한다. 따라서 인간은 공동체 생활을 함께 누리면서 서로 조화롭게 살고자 협력한다. 이러한 생활 속에서 인간은 서로 언어를 통해 자신들의 생각을 쉽게 표현하거나 전달한다. 그런데 표현하거나 전달하려는 내용 중에는 너무 무섭거나 더럽고 추해서 대하기가 꺼려지고 회피하고픈 것들이 있다. 이런 상황에서 나타나는 것이 바로 '완곡어(婉曲語)'이다. 따라서 완곡어[8]란 '나쁘거나 좋지 않은

---

8) 김광해(1993:160)는 완곡어를 '주로 기본이 되는 어휘들이 여러 가지로 부정적인 느낌을 주는 연상을 동반하는 경우에 그 같은 연상을 삭감하는 수단으로써 사용되는 일군의 어휘소들'이라 정의내리고, 주로 공개적인 자리에서 드러내기 어려운 어휘소들이나 각종 불행한 상황들과 관련된 경우에 그에 대한 심리적 경외감에서 비롯된 것으로 보았다.

　유창돈(1973:148)은 완곡어를 '기휘어(忌諱語)'라 하여 어휘 중에 도덕적으로나 신앙적으로 꺼려서 쓰기를 피하는 어휘라 하였다.

느낌을 꺼리고 회피하여 부드럽게 우회적으로 표현한 어휘'를 지칭한다. 특히 친소성(親疎性)이 적고 지체가 높은 사람이 대상일 경우에 많이 사용한다. 또 이러한 어휘를 사용하여 표현하는 어법을 '완곡어법, 에두름법, 유피미즘(euphemism)' 등이라 한다.9)

완곡 표현10)은 크게 문장 범주의 것과 어휘 범주의 것으로 나눌 수 있는데, 전자는 그 범위가 화용론적 입장에 가까울 뿐만 아니라 시의성(時宜性)과 유동성(流動性)을 지닌다. 반면에 후자는 전자보다 고정적

---

9) 학자들은 다음과 같이 '완곡어법'에 관련된 용어를 정의했다.

- 이용주(1959:34) : 완곡어법이란 말하기 꺼리는 것을 그렇지 않은 말로 표현하는 것.
- 유창돈(1973:148) : 기휘어(忌諱語)는 어휘 중에서 도덕적으로나 신앙적으로 꺼리는 말로 어느 일면 은유적인 어휘와 상통하는 점이 있는 것.
- R.E Asher & J.M.Y. Simpson(1994) : 완곡어법은 말을 듣기 좋게 하는 것으로 이를 사용하는 사람들은 무뚝뚝하거나 상스러운 단어 대신에 부드럽거나 질이 좋은 말씨를 좋아한다(김미형, 2000:29 재인용).
- Jakob L. Mey(1996) : 완곡어법은 어떤 말을 할 때에 받아들이는 사람 쪽에서의 부정적인 반응을 미리 없에기 위헤 의도적으로 선택된 용어로 말하는 것으로, 금기시되는 영역들, 성적인 것, 죽음, 질병, 돈, 종교, 정치, 신체 기능 등에서 많이 나타난다(김미형, 2000:29 재인용).
- 조혜진(1999:303) : 완곡어법은 현대 사회에서 일반적으로 공손한 배려이며 화자가 주어진 상황에서 사용을 기피하려는 표현에 대한 대안이고, 반면 불쾌한 언어는 사회적 약정을 깨뜨리는 것.
- 김미형(2000:28) : 완곡표현이란 말을 하거나 글을 쓸 때에 완곡하게 표현하는 언어 표현.
- 김미라(2006:12-13) : 완곡한 표현이란 언어 자체가 주는 부정적인 뉘앙스에 의해 기피되는 말 대신에 쓰이는 것, 또는 인간관계를 원활하게 유지하기 위하여 언어 행동으로써 직접적인 표현 대신에 에둘러서 표현하는 것.
- 윤희주(2007:193) : 완곡어법이란 말하기 꺼려지는 표현의 대안이며 이는 체면손실을 피하는 데 사용되는 것.

10) 김미형(2000:43-44)은 완곡 표현을 네 가지의 지시적 의미로 보아, '일반 지시, 모호 지시, 비유 지시, 유의 지시' 등을 제시하였다.

이고 범위의 한정성을 띠며 어휘론적 입장에 가깝다.

완곡어와 비슷한 어휘로 금기어(禁忌語)가 있는데, 완곡어와는 대동소이(大同小異)하지만, 완곡어가 좀 더 포괄적인 범위를 지닌다. 금기어는 '마음에 꺼려서 하지 않거나 피하는 어휘'로 그 어휘를 표현함으로써 어떤 재앙을 방지하는 의미를 내포하며 두려움의 성격을 강하게 지닌다. 예를 들어 '천연두'를 '마마'나 '손님'으로 표현하는 것은 금기어이며 완곡어가 된다. 그러나 '변소'를 '작은집'으로 표현하는 것은 금기어는 아니지만 완곡어에 해당된다.

또 완곡어법과 비슷한 표현으로 '간접 표현'과 '공손 표현'이 있다.

간접 표현은 의도하는 수행 행위를 직접적으로 표현하는 것을 피하고 그것과 관련된 다른 표현으로 돌려 말함으로써, 목적하는 수행 행위를 간접적으로 나타내는 대화 행위이다. 그러나 완곡한 표현을 내는 데에는 쓰이는 것이 아니다. 이는 정중한 표현 방식, 겸손한 표현 방식으로 사용되기도 하지만 거친 표현의 의도로서도 사용될 수 있다(김미형, 2000:37-38).

공손 표현은 정중하게 표현하는 것이 꼭 완곡 표현에 해당하지 않을 수도 있고, 완곡 표현은 공손 표현 외의 다른 방식도 사용하기 때문에 별개의 개념이다(김미형, 2000:39).

한편 그동안 완곡어에 대한 연구는 화용론의 주된 관심사였다.

이용주(1959)는 완곡어법에 대한 선구적 연구로 완곡어법을 Taboo와의 관계 속에서 그 유형을 나누어 보고 고찰한 결과물이다. 그는 완곡어법을 Taboo에 인연해서 발달된 표현수단으로 보고 원시신앙, 생리작용, 성, 신체 배설물, 죽음, 인명, 병, 음식, 직업, 신분 등으로 나누어 살펴보았다. 국어 어휘 중 완곡어에 대한 최초의 본격적 연구라는 데 의의가 있다.

조혜선(1999)은 완곡어법의 작용을 협력 원칙(Cooperative Principle)과 공손 원칙(Politeness Principle)의 상호 작용으로 보고 화용론적 입장에서 설명한 것이다. 특히 세 가지 주요 범주로 비유적 표현, 우회적 표현, 생략 표현을 중심으로 완곡어법 현상에 대한 함축적인 해석을 통해 분석적인 고찰을 살펴본 것이다. 그러나 이 연구는 어휘 범주보다는 문장 범주의 완곡 표현을 주 대상으로 삼은 것이었다.

김미형(2000)은 어휘 범주와 문장 범주의 완곡 표현으로 나누어 그 특성과 화용론과의 관계를 살펴보고 유형에 따라 고찰한 후 심리 형태도 설문 결과를 통해 정리하였다. 또 기본적인 완곡 표현의 개념을 짚어 보고 최근에 언급되는 완곡 표현까지를 감싸 안은 범주의 설정이 가능한 것인지를 타진하였으며, 그렇게 할 경우 범주적인 특성과 유형은 어떻게 설명해야 하는지를 논의했다. 완곡 표현에 대한 심도 있는 연구로 평가된다.

김미라(2006)는 한국어와 일본어의 완곡 표현 중 대우(待遇) 표현으로서 문장 범주에 속하는 완곡 표현을 중점적으로 연구한 논문이다. 이를 통해 양 언어의 완곡 표현에 대한 유사점과 차이점을 드러내고자 주력하였다.

윤희주(2007)는 번역의 차원에서 완곡어법과 위악어법을 살펴본 연구이다. 그는 번역학에서 완곡어법이 말하기 꺼려지는 표현의 대안이며 체면 손실을 회피하는 데 사용한 반면, 위악어법은 지시대상이나 관심사를 교묘하게 조정하기 위해 공격적 의미를 함축하는 것으로 보았다. 그러면서 완곡어법 유형을 비유적 표현, 우회적 표현, 일대일 대응 표현 등으로 나누었다.

필자는 완곡한 표현의 대상이 되는 원말이 어떤 성격을 지니는지 조사해 보았는데 은밀함, 더러움, 추함, 두려움, 불편함, 불쾌감, 민망함 등 7가지가 나타났다. 아울러 표현하는 완곡어의 특징[11]도 살펴보았는데 간접화, 미화(美化), 회피, 생략, 모호성, 체면 유지, 존대 등이 나타남을 알 수 있었다.

이 글은 국어 어휘 범주의 완곡어[12]만을 대상으로 삼을 것이다. 어휘 범주의 완곡어만을 대상으로 삼은 이유는 문장 범주는 시의성과 유동성이 있어 연구 대상으로 삼기 어려울 뿐만 아니라 화용론적 영역으로 한정된 목록 제시가 어려운 반면, '완곡어'라는 용어 자체는 어휘 범주를 전제로 할 뿐만 아니라 고정성이 강하여 유형화가 쉽고 심리적 기제를 명확하게 알 수 있기 때문이다. 이러한 어휘 범주의 완곡어를 주 대상으로 하여 유형별로 나타나는 양상을 살펴보고 심리적 기제를 알아보는 데 중점을 둘 것이다.

---

11) 김미형(2000:43)은 어휘 범주의 완곡 표현을 다음과 같이 정리하였다.
　① 지시 대상에 대해 아첨하는 뜻을 가진 좋은 말로 지시 대상을 부름
　② 지시 대상의 위치나 기능이나 모습을 표현하는 말
　③ 특수하지 않은 일반적이고 일상적인 뜻을 지닌 다른 말로 바꿈
　④ 상대방에 대한 감정을 자신의 감각 표현으로 돌려 말하는 방식
　⑤ 대상의 여러 국면 중 적나라하게 튀지 않은 요소를 택하여 지시함
　⑥ 비하하는 느낌이 없는 전문 용어를 사용
　⑦ 구체성을 모호하게 하는 지시나 관점을 달리하는 지시
12) 김미형(2000:39-43)은 어휘 범주의 완곡어를 세 가지 형태로 나누어 '금기어를 대신하는 전통적인 완곡어, 일상생활에서 굳어져 일상 용어로 사용하는 완곡어, 표현 의도를 읽을 수 있는 현대의 완곡어' 등을 제시하였다.

1. 완곡어의 유형

국어 어휘 범주의 완곡어 중 총 73개만을 대상으로 하여 유형별로 구분해 보면 원말이 '은밀함, 더러움, 추함, 두려움, 불편함, 불쾌감, 민망함' 등이 많았다. 이를 표현 대상으로 정리하면 죽음, 성(性), 변(便), 직업, 병환 등이었다. 결국 완곡어는 두려워서 거부하고 싶은 죽음과 관련된 어휘들, 언급하기 민망한 성(性)과 관련된 어휘들, 더럽고 추해 꺼려지는 변(便)과 관련된 어휘들, 두렵거나 힘들고 어려운 직업과 관련된 어휘들, 무섭고 두려운 병환(病患)과 관련된 어휘들에서 두드러지게 나타나고 그 외 부정적인 행위나 존대의 경우에도 나타난다.

1.1. 죽음

인간이 일생에서 가장 두려워하고 회피하고 싶은 것은 바로 '죽음'이다. 따라서 이를 직접적으로 표현하지 않고 간접적으로 대체하여 표현하는 것은 어쩌면 당연한 귀결이다. 우리말에는 '죽음'을 일컫는 어휘가 한자어와 고유어로 나누어 나타나는데, 우선 한자어의 경우는 다음과 같다.

① 만세후(萬歲後) : '살아 있는 임금의 죽은 뒤'를 완곡하게 이르는 말
② 선어(仙馭) : '임금님이 돌아가심을 뜻하는 붕어(崩御)'를 완곡하게
　　　　　　　이르는 말
③ 물고(物故) : '사람의 죽음'을 완곡하게 이르는 말

①과 ②는 임금과 관련이 있는 완곡어이다. ①의 경우는 오랫동안 산 후에 죽기를 기원하는 심리를 내포하며, '정조 대왕은 영조 대왕이 만세후(萬世後)에 왕위를 계승하였다.'처럼 쓰인다. ②는 신선이 말을 몰고 모셔 간다는 의미로 미화(美化)하여 표현한 어휘이다. '고종 황제의 선어(仙馭)를 온 백성이 슬퍼하였다.'처럼 쓰인다.

③은 그 사람이 쓰던 물건이 낡은 것으로 되었다는 뜻에서 나온 말이다. 간접화하여 비유적으로 표현한 어휘이다. '대역죄인인 그는 물고를 당하였다.'처럼 쓰인다. ④는 일어나지 못한다는 의미가 죽음을 간접적으로 표현한 어휘이다. '고질병으로 시름시름 앓던 할머니는 결국 불기(不起)를 당하셨다.'처럼 쓰인다.

⑤는 영영 가고 돌아오지 않는다는 뜻으로 간접화 한 어휘이다. '홍길동 부친 장서(長逝). 발인은 모레'처럼 쓰인다. ⑥은 주로 'ㅇㅇㅇㅇ년 ㅇ월 ㅇ일 졸(卒)'의 형식으로, 한자 '졸(卒)'의 훈(訓) '죽음'을 대신해 표현한 것인데 '죽음'이라는 어휘를 회피하고자 한자로 대체한 경우이다. ⑦은 '죽음'을 미화하여 슬픔의 최소화를 꾀한 표현이다. '인간은 모두 종국에 잔디찰망으로 갈 운명을 타고 났다.'처럼 쓰인다.

다음은 죽음을 회피하여 표현한 완곡어 중 고유어에 해당하는 것들
이다. 특이한 것은 명사(名詞) '죽음'이라는 사실 자체를 일컫는 완곡어
는 한자어가 많은 반면 동사(動詞) '죽다'의 완곡어는 대체로 고유어가
많은 편이다.

① 가다 : '저승으로 가다.'를 완곡하게 이르는 말

② 넘어지다 : '죽다'를 완곡하게 이르는 말

③ 떠나다 : '이승을 떠나다.'를 완곡하게 이르는 말

④ 뜨다 : '이승을 뜨다.'를 완곡하게 이르는 말

⑤ 없다 : '이승에 없다.'를 완곡하게 이르는 말

⑥ 잠들다 : '영원히 잠들다.'를 완곡하게 이르는 말

⑦ 궂기다 : '윗사람이 죽다.'를 완곡하게 이르는 말

⑧ 잘못되다 : '사람이 사고나 병 따위로 불행하게 죽다.'를 완곡하게
　　　　　　　 이르는 말

⑨ 저버리다 : '목숨을 끊다.'를 완곡하게 이르는 말

①은 줄여서 표현한 경우로 '젊은 나이에 간 친구'[13]처럼 쓰인다. ②
는 '죽다'를 병이나 실수로 넘어진 경우에 빗대어 표현한 경우이다. '유
족들은 아버지께서 암으로 넘어진 후 홀로서기를 할 수밖에 없었다.'처
럼 쓰인다. ③, ④, ⑤는 각각 줄여서 표현한 경우로 '그가 떠난 뒤 유족
들의 슬픔은 이루 말할 수 없었다.', '그가 병으로 뜬 지 오래 되었다.',

---

13) 완곡어의 예문은 주로 국립국어원 편 『표준국어대사전』(1999)의 예문을 많이 참
　　고하였다.

'지난밤에 뜻하지 않게 건넛집 할아버지가 없었다는구만. - 「선대」' 등처
럼 쓰인다. ⑥도 줄여서 표현한 경우로 두려운 죽음 자체를 편하게 잠이
든다는 표현으로 대체하여 표현한 것이다. '그의 부인은 공동묘지에 잠
들어 있다. - 이기영, 「봄」'처럼 쓰인다. ⑦은 일에 헤살이 들거나 장애가
생기어 잘 되지 않는다는 의미였던 것이 다의성(多義性)을 지니게 되면
서 '윗사람이 죽다.'를 이르는 것으로 된 경우이다. 윗사람이 죽는다는
사실은 어떤 일이 잘 풀리지 못하는 동기가 될 수 있다. 따라서 이와
연관하여 나타난 어휘로 볼 수 있다. '어제 집안 어른이 궂겨서 모두 상
가에 가셨습니다. - 박종화, 「금삼의 피」'처럼 쓰인다. ⑧은 ⑦의 경우와
비슷하다. '그가 교통사고로 잘못되었다는 소식을 듣고 모두 침통해했
다.'처럼 쓰인다.

　⑨는 자의(自意)의 성격이 내포된 경우이다. '가정을 저버리다.'의 경
우처럼 '등지다'의 뜻이 '저버리다'에 있다. 따라서 '이승을 저버리다.'의
의미로 줄여서 표현한 경우이다. '그는 의리를 지키기 위해 마침내 목
숨마저 저버리고 말았다.'처럼 쓰인다.

　1.2. 성(性)

① 관계(關係) : '성 관계'를 완곡하게 이르는 말
② 밤일 : '성 관계'를 완곡하게 이르는 말
③ 일 : '성 관계'를 완곡하게 이르는 말
④ 잠자리 : '성 관계'를 완곡하게 이르는 말
⑤ 잠자리하다 : '성 관계하다.'를 완곡하게 이르는 말

①에서 ④는 모두 남녀 간의 성 관계를 우회적으로 표현한 완곡어이다. ①은 '성 관계'에서 성(性)을 생략한 경우로 '본남편을 비롯해서 자기와 관계를 가진 남자마다 죽고 없다는 것이었다. - 오유권, 「대지의 학대」'처럼 쓰인다. ②는 남녀 간의 성 관계가 주로 밤에 행해지는 일이기에 이를 '밤일'이라 표현한 경우로 간접적인 표현이다. ③은 '밤일'에서 '밤'까지 생략한 경우이다. '술을 너무 먹어 결혼 첫날밤에 일을 치르지 못했다.'처럼 쓰인다. ④는 성 관계가 이루어지는 공간으로 성 관계를 간접적으로 표현한 경우이다. '그 달콤했던 애교와 잠자리의 기교를 나는 영원히 잊을 수가 없다. - 조선작, 「영자의 전성시대」'처럼 쓰인다. ⑤의 경우는 '-하다' 접미사가 붙어 관계를 하는 행위를 완곡하게 표현한 동사이다. '두 사람이 잠자리한 지도 오래되었다.'처럼 쓰인다.

다음은 '음부(陰部)'를 완곡하게 표현한 어휘들이다.

⑥ 국부(局部) : '음부(陰部)'를 완곡하게 이르는 말
⑦ 아래 : '음부(陰部)'를 완곡하게 이르는 말
⑧ 물건(物件) : '남자의 성기'를 완곡하게 이르는 말
⑨ 소문(小門) : '여자의 성기'를 완곡하게 이르는 말
⑩ 잠지 : '어린아이의 남자 성기'를 완곡하게 이르는 말

⑥은 체면을 유지하며 점잖게 이르는 말이며, ⑦은 그 위치로 부위를 지칭하는 경우이다. ⑧과 ⑨는 각각 간접적으로 비유하여 표현한 경우이며, ⑩은 음운 'ㅁ'을 첨가하여 완곡하게 이르는 말이다. '외할머

니의 강마른 손이 내 아랫도리를 벗기기 시작했다. "어디 이놈 잠지 좀 만져 보자." - 윤흥길, 「장마」처럼 쓰인다. 이 외에도 음부는 아니지 만 '엉덩이'나 '항문'을 완곡하게 이르는 말로 '밑'이 있다. '밑 닦은 손 으로 밥을 먹냐? 더럽게.'처럼 쓰인다.

다음은 여자들의 '월경(月經)'을 간접적으로 완곡하게 이르는 말들이다.

⑪ 몸엣것, ⑫ 달거리, ⑬ magic / 마술, ⑭ 그날

⑫는 우리나라가 예로부터 농경사회를 유지하면서 '달'이나 '음력'을 중시했던 미풍양속과 관련이 많은 어휘이다. ⑬의 경우는 세계화 추세 속에서 서양 외래어가 완곡어로 쓰인 경우이다. 앞으로 완곡어의 이러 한 현상은 더더욱 심해질 것이다.

다음은 '강간(强姦)'을 회피하여 완곡하게 이르는 말들이다.

⑮ 성폭행(性暴行), ⑯ 폭행(暴行)

⑮는 '그들은 대낮에 부녀자를 대상으로 성폭행을 일삼아 왔다.'처럼 쓰인다. ⑯은 '기강이 문란한 사병들은 황제 일행에게 남은 마지막 재산 을 털어 갔을 뿐 아니라 부녀자들에게 폭행까지 가했던 것이다. - 이문 열, 「황제를 위하여」'처럼 쓰인다. 행동의 난폭함을 부각시켜 원말을 회피

한 경우이다.

1.3. 변(便)

용변(用便)과 관련된 완곡어에 다음과 같은 말들이 있는데, 대체로 원말을 회피하는 방식으로 표현한 경우이다.

① 대변보다(大便--) : '똥을 누다.'를 완곡하게 이르는 말
② 보다 : '대소변을 누다.'를 완곡하게 이르는 말
③ 볼일 : '용변(用便)'을 완곡하게 이르는 말
④ 소마보다 : '오줌을 누다.'를 완곡하게 이르는 말
⑤ 소피보다(小避--) : '오줌을 누다.'를 완곡하게 이르는 말

①은 '똥'을 한자어로 대체하여 표현하고 거기에 '누다'의 의미를 대신해 '보다'를 연결한 경우이다. 일상생활에서 흔하게 쓰는 표현으로 완곡어의 성격조차 느껴지지 않을 정도이다. ②는 생략된 표현으로 '대변'이나 '소변'이라는 용어까지도 생략하여 더러움을 벗어나고자 한 것이다. '대변/소변을 보다.'처럼 쓰인다. ③은 모호하게 표현한 것이며 '저, 볼일 좀 보러 화장실에 다녀오겠습니다.'처럼 쓰인다. ④는 간접화로 표현한 경우로 '소마보러 간 놈이 이제껏 오지 않고 있다.'처럼 쓰인다. ⑤는 회피의 형태로 표현한 경우로 '남편이 반짝거리는 놋요강에 소피보는 소리를 들으며 나는 이불을 뒤집어쓰고 오래도록 진저리를 쳤다. — 박완서, 「해산 바가지」'처럼 쓰인다.

다음은 똥이나 오줌 자체를 완곡하게 이르는 말들이다.

⑥ 대소피(大小避) : '똥'과 '오줌'을 완곡하게 이르는 말
⑦ 뒤 : '사람의 똥'을 완곡하게 이르는 말
⑧ 큰 거 : '사람의 똥'을 완곡하게 이르는 말
⑨ 소마 : '오줌'을 완곡하게 이르는 말
⑩ 소피(所避) : '오줌'을 완곡하게 이르는 말
⑪ 작은 거 : '오줌'을 완곡하게 이르는 말

⑥은 한자어로 대체하여 회피의 방식으로 표현하였고, ⑦은 회피의 방식을 사용한 경우로 '뒤가 급하다.'처럼 쓰인다. ⑧은 간접화의 방식을 사용하였다. ⑨와 ⑪은 원말을 간접화하여 표현하였다. ⑩은 회피하여 표현한 경우로 '소피라도 보러 가나 했는데, 그는 머리맡의 서간을 집어 경상 위에 펴 놓았다. — 한무숙, 「만남」'처럼 쓰인다.

다음 표현들은 모두 변소(便所)를 완곡하게 이르는 말들이다.

⑫ 뒷간(-間), ⑬ 먼데, ⑭ 소마간(--間), ⑮ 위생실(衛生室), ⑯ 작은집,
⑰ 변방(便房)

이 중 ⑬, ⑭, ⑯은 원말을 간접적으로 표현한 경우이고, ⑫, ⑮, ⑰은 회피하여 표현한 경우이다. ⑫는 '시골에서 나는 밤에 뒷간 가기가

제일 무서웠다.'처럼, ⑭는 '사돈집과 소마간은 멀리하랬다. – 「선대」'처럼 ⑯은 '나 지금 큰 거 보러 작은집을 다녀올게.'처럼 쓰인다.

1.4. 직업

다음은 두려운 대상자인 범죄인이나 불량배를 완곡하게 이르는 말들인데 한결같이 미화의 방식으로 표현하였으며 대체로 환유의 방식을 취한 경우가 많다.

> ① 도공(盜公) : '도둑'을 완곡하게 이르는 말
>
> ② 양상군자(梁上君子) : 들보 위의 군자라는 뜻으로 '도둑'을 완곡하게 이르는 말
>
> ③ 태을도(太乙道) : '도둑질'을 완곡하게 이르는 말
>
> ④ 복면객(覆面客) : '복면강도'를 완곡하게 이르는 말
>
> ⑤ 부랑자제(浮浪子弟) : '떠돌아다니며 방탕한 생활을 하는 청소년'을 완곡하게 이르는 말

②는 『후한서』, 「진식전(陳寔傳)」에 나오는 말이다. ①∼⑤는 모두 한자어로 미화하여 유식하게 표현하였다.

다음은 특별한 직업에 종사하는 사람들을 완곡하게 이르는 말들인데 이들 또한 미화하여 표현하였다.

⑥ 요설가(妖說家) : '요사스러운 수작을 잘 꾸며 대는 사람'을 완곡하
　　　　　　게 이르는 말
⑦ 직업여성(職業女性) : '주로 유흥업에 종사하는 여성'을 완곡하게 이
　　　　　　르는 말
⑧ 가정부(家政婦) : '식모'를 완곡하게 이르는 말

⑥은 환유의 방식으로 표현한 경우이다. ⑦은 '직업'이 '유흥업'을 대신하여 표현한 경우로 '젊은 직업여성들이 가두에 범람할 때면 또한 그 부근에 웅성거리고 섰는 뭇 남자들의 그림자가⋯⋯. ─ 안회남, 「황금과 장미」'처럼 쓰인다. ⑧은 '식모'를 품위를 격상시키는 차원에서 완곡하게 이르는 말로 '그가 거실에 앉아 일을 보는 동안 가정부는 음식을 차려 놓고 그가 식탁 앞에 앉기를 기다렸다. ─ 조세희, 「난쟁이가 쏘아 올린 작은 공」'처럼 쓰인다. 최근에는 '가사도우미'로 '가정부'보다 더 완곡한 표현을 쓰기도 한다.

이 외에도 '장애자(障碍者)'를 완곡하게 이르는 말로 '장애우(障碍友)'가 있다. '장애우'는 장애자를 위하는 최근의 사회적 풍토에서 생겨난 신조어인데 아직 국어사전에는 오르지 않았다.

1.5. 병환(病患)

① 손님 자국 : '마맛자국'을 완곡하게 이르는 말

ⓛ 마마 / 손님14) / 호구별성(戶口別星) : '천연두'를 완곡하게 이르는 말

③ 작은 손님 : '홍역'을 완곡하게 이르는 말

④ 가슴앓이 : '폐병'을 완곡하게 이르는 말

⑤ 종양(腫瘍) : '암(癌)'을 완곡하게 이르는 말

①~④는 원말을 미화하여 표현한 경우이고, ⑤는 회피하여 표현한 경우이다. ①은 '그는 천연두를 앓고 손님 자국이 얼굴에 남았다.'처럼, ②는 '마마(손님 / 호구별성)를 앓았는지 얼굴이 얽었다.'처럼, ④는 '할아버지는 기관지염이 심해서 가슴앓이까지 앓게 되었다.'처럼 쓰인다.

1.6. 기타

다음 완곡어들은 부정적인 행위나 그 자체를 우회적으로 표현한 경우들이다.

① 누덕(陋德) : 더러운 덕이라는 뜻으로 '윗사람의 더러운 행실'을 완곡하게 이르는 말

② 부조리(不條理) : '부정행위'를 완곡하게 이르는 말

---

14) 김미형(2000:40)은 '손님'이라는 어휘에 대해 직접 부르면 불행이 온다고 믿는 단어를 대신하여 지시 대상에게 아첨하는 뜻을 가진 좋은 말로 바꿔 쓴 경우로, 두려운 대상에 대하여 오면 반기는 '손님'으로 표현함으로써 그 대상의 노여움을 일으키지 않게 하려는 미신적인 믿음에서 비롯된 것이라고 하였다.

③ 바람 피다 : '배우자 이외의 사람과 사귀거나 관계를 맺다.'를 완곡
　　　　　　　하게 이르는 말
④ 보험 들다 : '결혼 전 임신하다.'를 완곡하게 이르는 말
⑤ 앉아 있다 : '나이 많은 사람이 살아 있다.'를 완곡하게 이르는 말
⑥ 옥밥(獄-) : '콩밥'을 완곡하게 이르는 말

　①, ②, ⑥은 원말을 회피하여 표현한 경우이고, ③, ④, ⑤는 간접화
하여 표현한 경우이다. ①은 '부장의 누덕으로 회사 사람들은 모두 불쾌
한 마음이다.'처럼, ②는 '사회 지도층의 부조리가 도를 넘어섰다.'처럼,
③은 '최근 바람 피는 부부들이 사회적 문제가 되고 있다.'처럼, ④는 '그
녀는 결혼식도 하지 않았는데 벌써 보험 들어 놓았대.'처럼, ⑤는 '그 집
에는 지금도 백수(白壽)이신 증조부께서 앉아 있다.'처럼, ⑥은 '주신은
주야로 호곡하며 옥밥도 먹지 않고 굶은 지 달포 만에 옥 속에서 그 아
버지를 따라 순사(殉死)하니……. － 박종화, 「금삼의 피」'처럼 쓰인다.

⑦ 만원사례(滿員謝禮) : 만원(滿員)을 이루게 해 주어서 고맙다는 뜻
　　　　　　　　　　　으로, 극장 같은 흥행장에서 '만원이 되어 관
　　　　　　　　　　　객을 더 받지 못하겠다는 것'을 완곡하게 이
　　　　　　　　　　　르는 말
⑧ 소아들 : '소의 새끼'를 완곡하게 이르는 말
⑨ 풍간(諷諫) : '잘못을 고치도록 말함'을 완곡하게 표현한 경우

⑦과 ⑨는 회피하여 표현한 경우이고, ⑧은 미화하여 표현한 경우이다. ⑦은 '그 영화관은 석 달째 연일 만원사례를 이루었다.'처럼, ⑧은 '지난밤에 암소가 소아들을 순산했다.'처럼, ⑨는 '군주의 자중을 바라는 백성들의 풍간으로 황제에게 전했던 것이다. - 이문열, 「황제를 위하여」'처럼 쓰인다.

이상 어휘 범주의 완곡어 중 총 73개만을 대상으로 하여 유형별로 구분하고 그 심리적 기제를 알아보았다. 완곡한 표현의 대상이 되는 원말은 '은밀함, 더러움, 추함, 두려움, 불편함, 불쾌감, 민망함' 등을 나타냈다. 이러한 원말을 완곡어로 표현한 방식은 '간접화, 회피, 미화, 생략, 모호성, 체면 유지, 존대' 등이 있었으며, 그 중 '간접화, 회피, 미화' 등이 단연 우세하였다. 그러나 '모호성, 체면 유지, 존대' 등은 대체로 없는 편이었다. 완곡어는 친소성이 적거나 자기보다 지체가 높은 사람을 대상으로 삼을 때 많이 나타나며 의도적인 배려의 측면도 있지만 버릇처럼 득별한 이유 없이 애배하거나 모호함 또는 추측 등의 측면이 최근에는 강한 추세이다.15)

지금까지 살펴보았던 완곡어를 간단하게 정리하고 그 빈도수를 알아보면 다음과 같다.

---

15) 김미형, 「국어 완곡 표현의 유형과 언어 심리 연구」, 한말연구 7호, 2000, 59쪽.

간접화

불기, 장서, 넘어지다, 밤일, 잠자리, 잠자리하다, 몸엣것, 그날, 소마보다, 큰 거, 소마, 작은 거, 먼데, 소마간, 바람 피다, 보험 들다, 앉아 있다, 물고, 물건, 소문, 달거리, magic / 마술, 작은집, 잠지

총 24개로 전체 대상 어휘의 32.9%에 해당한다.

회피

졸, 성폭행, 폭행, 대변보다, 소피보다, 대소피, 소피, 위생실, 변방, 종양, 누덕, 부조리, 옥밥, 만원사례, 풍간, 아래, 밑, 뒤, 뒷간

총 19개로 전체 대상 어휘의 26%에 해당한다.

미화(美化)

선어, 잔디찰방, 도공, 양상군자, 태을도, 복면객, 부랑자제, 요설가, 직업여성, 가정부, 장애우, 손님자국, 마마 / 손님 / 호구별성, 작은 손님, 가슴앓이, 소아들

총 16개로 전체 대상 어휘의 21.9%에 해당한다.

생략

가다, 떠나다, 뜨다, 없다, 잠들다, 저버리다, 관계, 일, 보다

총 9개로 전체 대상 어휘의 12.3%에 해당한다.

<table>
<tr><td style="background:#555;color:#fff;text-align:center">모호성</td></tr>
<tr><td style="text-align:center">궂기다, 잘못되다, 볼일</td></tr>
</table>

총 3개로 전체 대상 어휘의 4%에 해당한다.

<table>
<tr><td style="background:#555;color:#fff;text-align:center">체면 유지</td></tr>
<tr><td style="text-align:center">국부</td></tr>
</table>

총 1개로 전체 대상 어휘의 1%에 해당한다.

<table>
<tr><td style="background:#555;color:#fff;text-align:center">존대</td></tr>
<tr><td style="text-align:center">만세후(1개-1%)</td></tr>
</table>

총 1개로 전체 대상 어휘의 1%에 해당한다.

인간의 사회생활은 날이 갈수록 복잡하고 다양하게 변하고 있다. 그동안 우리 언어생활의 묘미라 할 수 있는 완곡어는 최근 세계화 추세에 맞추어 서양의 외래어로 급변하고 있다. 이후로 우리 언중들의 언어생활이 완곡한 표현으로 부드럽고 예의 있는 방향으로 나아갈 것인지, 아니면 우회적인 표현을 벗어나 직설적인 표현으로 나아갈 것인지 지켜보아야 할 것이다. 언어생활의 묘미, 완곡어가 앞으로 더 고상하고 풍부해지길 바라는 마음이다.

공수진, 「한국어 장·단모음의 실험음성학적 연구」, 아주대 대학원 석사논문, 2002.

국립국어원 편, 『21세기 세종계획 한민족 언어 정보화』 CD자료, 국립국어원, 2003.

김공칠, 『방언학』, 신아사, 1988, 130~131쪽.

김광해, 『국어 어휘론 개설』, 집문당, 1993, 160쪽.

김광해, 「일제 강점기의 대중가요에 대한 계량언어학적 연구」, 『한국어 의미학』3, 한국어의미학회, 1998.

김동소, 『한국어변천사』, 형설출판사, 1998.

김미라, 「한일 양 언어의 완곡표현 대조·비교」, 경상대 교육대학원 석사논문, 2006.

김미형, 「국어 완곡 표현의 유형과 언어 심리 연구」, 『한말연구』7집, 한말연구학회, 2000, 39~44쪽.

김민수, 「隱語(변말)試考-특히 거지말(乞人語)를 중심으로 하여」6, 국문국문학, 국어국문학회, 1953.

김선철, 「서울말 억양의 음운론적 기술을 위한 사고」, 『한글』239, 한글학회, 1998, 67~68쪽.

김용숙, 『朝鮮朝宮中風俗硏究』, 일지사, 1987.

김용숙, 「궁중어의 아름다움-〈한중록〉을 중심으로-」, 『한글』226, 한글학회, 1994, 122~123쪽.

김재희, 「은어의 일고찰」, 경희대고봉4, 경희대학교. 1958, 101쪽.

김종훈 외, 『은어·비속어·직업어』, 집문당, 1985, 11~59쪽.

김종훈, 「宮中語攷」, 『국어국문학』42·43, 국어국문학회, 1969, 236~243쪽.

김태자, 「간접화행과 대화적 함축」, 『국어학』18집, 국어학회, 1989.

김홍석, 『형태소와 차자표기』, 도서출판 역락, 2006, 53쪽.

김홍석, 「대중가요 노랫말 속의 정서법 소고」, 『한어문교육』17, 한국언어문학교육학회, 2007.

김홍석, 『국어생활백서』, 도서출판 역락, 2007.

김홍석, 「현대 범죄인들의 변말 연구」, 『충남한글』1, 한글학회 충남지회, 2008, 89
～92쪽.

남동식, 「한국 중학생들의 영어 /l/과 /r/의 발음 오류에 관한 음향음성학적 연구」, 부
경대 대학원 석사논문, 2004.

문세영, 「변말」, 『한글』35, 한글학회, 1936.

박미영, 「발화 속도에 따른 국어 음운의 변화 연구」, 고려대 대학원 석사논문, 2002.

박영섭, 「은어의 사적생성연구」, 고려대 석사논문, 1979.

배도식, 「심메마니 은어의 조어 구조」, 『어문학교육』4, 부산교육학회, 1981.

서정범, 『우리말의 뿌리』, 고려원, 1989.

서정범, 『한국특수어연구』, 유씨엘아이엔씨, 2005, 19～31쪽.

속초시립박물관, 심메마니 은어사전, 전시물자료.

안영희, 『韓國宮廷語研究』, 숙명여자대 석사학위논문, 1960.

양병곤, 『프라트를 이용한 음성분석의 이론과 실제』, 만수출판사, 2003, 14～19쪽.

연호탁, 「심메마니 은어의 연구-오대산 지역을 중심으로-」, 『관대논문집』20, 관동대
학교, 1992.

유구상, 「대학생의 언어와 은어」, 한글162, 한글학회, 1978.

유병태, 「금기어와 완곡어법의 언어학적 역할」, 『관동대 논문집』13집, 관동대학교,
1985, 213～229쪽.

유창돈, 『어휘사연구』, 선명문화사, 1973, 148쪽.

윤희주, 「원곡이법과 위악이법의 번역원인 및 번역방법」, 『빈역힉연구』8-1, 한국빈역
학회, 2007.

이기문, 『국어사개설』, 탑출판사, 1972.

이기문, 『국어 어휘사 연구』, 동아출판사, 1991, 167쪽, 208～209쪽.

이병운, 「중부방언, 경남방언, 전남방언의 억양에 대한 비교 연구」, 『우리말 연구』8,
우리말학회, 1998, 58～60쪽.

이성실, 「은어고-주로 대구 부랑아 사회를 중심으로」, 『국어국문학연구』4, 영남대학
교 국어국문학, 1960, 128쪽.

이수길, 「한국어 음성에 대한 음소분석에 관한 연구」, 배재대 대학원 박사논문, 2005.

이영미, 「대중가요 연구에 있어서 균형 잡기」, 『인문과학』31, 한국예술종합학교 2001.

이용주, 「완곡어법 소고」, 『국어교육』, 한국어교육학회, 1959.

이충구, 「은어 조어고」, 『공주교대논총』22-2, 공주교대, 1986, 415～429쪽.

이호영, 「한국어 문장 억양의 선택 과정」, 『한글』225, 한글학회, 1994, 9쪽.

이호영, 「국어 억양의 상승과 하강 현상」, 『한글』257, 한글학회, 2002, 15~16쪽.

일독자(一讀者), 「맹인용어(盲人用語)」, 『한글』75(8-2), 한글학회, 1940.

임안수, 「맹인 점복업자의 은어의 어원과 구성 원리」, 『재활과학연구』13-1, 대구대 장애인종합연구소, 1997.

장석진, 『화용론 연구』, 탑출판사, 1985.

장태진, 「造語論(Word-formation) 研究(上)-犯罪人 隱語를 중심으로」, 『국어국문학』28, 국어국문학회, 1964.

장태진, 「은어 연구-범죄인 은어의 구문론적 특징」, 『어문학』12, 어문학회, 1965.

장태진, 『국어 변말의 연구』, 태학사, 1995, 127~131쪽.

장태진, 「국어 궁중 언어의 사회언어학적 연구」, 『새국어생활』14-3, 국립국어원, 2004, 254~255쪽.

조혜선, 「완곡어법의 화용론적 설명」, 『한국커뮤니케이션학』7, 한국커뮤니케이션학회, 1999.

최범훈, 「심마니은어 연구」, 『한국문학연구』6·7, 동국대 한국문학연구소, 1983.

최상진 외, 「대중가요 가사분석을 통한 한국인의 정서 탐색」, 『한국심리학』20, 한국심리학회. 2001, 45쪽.

최혜원 외, 『표준 발음 실태 조사』, 국립국어원, 2002, 1~11쪽.

편집부, 『통기타 명곡집』, 아름출판사, 2005.

편집부, 『가요 반세기』, 아름출판사, 2006.

한국방언학회 편, 『國語方言學』, 형설출판사, 1975.

한국방언학회 편, 『한국방언학』, 형설출판사, 1975.

한국정신문화연구원, 『한국방언자료집Ⅱ(강원도 편)』, 한국정신문화연구원. 1990.

홍은진, 「王와 王族 중심의 宮中語 고찰」, 『語文論集』5, 숙대한국어문학연구소, 1995 52~53쪽.

황경환, 「宮中用語」, 『국어국문학』26, 국어국문학회, 1963, 282~286쪽.

Allan, K. & K. Burridge, *Euphemism & Dysphemism : Language Used as Shield and Weapon*, New York University Press, 1991.

Keith Johnson, 박한상 역, 『음향 및 청취 음성학의 이해』, 한빛문화, 2006, 188~190쪽.

▎이 책에 수록된 논문들의 출전

1. 「국어사전에 실린 궁중어 연구」, 『새국어교육』76, 한국국어교육학회, 2007.8.30.
2. 「현대 범죄인들의 변말 연구」, 『충남한글』1, 한글학회 충남지회, 2008.8.30.
3. 「소경 변말의 모습에 대하여」, 『충남한글』2, 한글학회 충남지회, 2009.11.25.
4. 「고등학생의 잘못된 발음 실태 연구」, 『한어문교육』21, 한국언어문학교육학회, 2009.12.31.
5. 「20세기 후반 대중가요 노랫말의 오용 실태」, 『새국어교육』83, 한국국어교육학회, 2009.12.30.
6. 「국어 어휘 범주의 완곡어 고찰」, 『한어문교육』19, 한국언어문학교육학회, 2008.10.30.

저자 소개

김홍석(金洪錫)

1968년생
1991년 공주대학교 사범대학 국어교육과 졸업
2003년 문학박사(국어학 전공) 학위 취득
현재 충남외국어고등학교 교사 재임 중

〈저서〉
『여말선초의 서법 연구』,『눌은밥과 돼지고기 장조림』,『형태소와 차자표기』,『국어사 연구와 자료』,『고정틀 박살내기』,『〈우해이어보〉와 ≪자산어보≫ 연구』,『국어생활백서』,『길을 묻는 그대들의 푸른 나침반, 충남외고』

〈논문〉
「우해이어보」에 나타난 표기법 연구 외 30여 편

은어(隱語)와 우리말의 세계

초판 인쇄 2011년 4월 29일 | **초판 발행** 2011년 5월 12일
지은이 김홍석
펴낸이 최종숙 | **책임편집** 오수경 | **편집** 이태곤 · 임애정 | **디자인** 안혜진 | **마케팅** 문택주
펴낸곳 글누림출판사
등록 제303-2005-000038호(등록일 2005년 10월 5일)
주소 서울 서초구 반포4동 577-25 문창빌딩 2층(우137-807)
전화 02-3409-2055 | **FAX** 02-3409-2059 | **이메일** nurim3888@hanmail.net
홈페이지 http://www.geulnurim.co.kr
ISBN 978-89-6327-129-3 93710

정가 : 15,000원